Manfred Ruge

Wenn Vater heimkommt

Ein Junge zwischen Missbrauch und Gewalt

W0282555

Manfred Ruge

Wenn Vater heimkommt...

Ein Junge zwischen Missbrauch und Gewalt

ARAKI

Bibliographische Information der deutschen Nationalbibliothek
Die deutsche Nationalbibliothek verzeichnet diese Publikation in der Deutschen Nationalbibliographie; detaillierte bibliographische Daten sind im Internet abrufbar über
http://dnb.d-nb.de

Manfred Ruge
Wenn Vater heimkommt...
Ein Junge zwischen Missbrauch und Gewalt

© 2009 by Araki Verlag

Einbandfoto
© Fabian Frädert
kleines Foto
© Stefan Kreiner / PIXELIO'

Lektorat, Herstellung
Anne Hünecke
Melanie Schneider
gesetzt aus der
Bembo

ISBN
978-3-941848-00-9

Ich widme dieses Buch dem Menschen, der vieles von dem ermöglicht hat, was ich heute bin. Er war zwar nur eine verhältnismäßig kurze Zeit meines Lebens direkt an meiner Seite. Aber er hat in diesen dreieinhalb Jahren die Grundsteine für meinen weiteren positiven Lebensweg gelegt. So wie er mich aufgenommen, akzeptiert und angenommen hat, hat er mir erstmals das Gefühl gegeben, dass selbst ich alles erreichen kann. Er hat sich zusammen mit seiner Familie dafür eingesetzt, dass ich einen Start ins Berufsleben bekam, der vorbildlich war. Er hat trotz persönlicher und geschäftlicher Repressalien immer zu mir gehalten und mir jederzeit den Rücken gestärkt.

Dafür gilt Dir, lieber Ede, mein tief empfundener Dank.

Mein Dank vorweg gilt meinen Schwestern Ursula und Ingrid. Diese wunderbaren Frauen haben mir in letzter Zeit sehr viel Vertrauen und Offenheit geschenkt. Ohne die Bereitschaft, mit ihrem Schicksal offen umzugehen und Dinge offen zu legen, die sie teilweise vierzig Jahre lang nur mit sich selbst ausgemacht haben, wäre dieses Buch in dieser Form nie entstanden.

Ich möchte vor allem jungen Menschen Mut machen. Ich möchte ihnen zeigen, dass das Leben trotz Leid und Qualen positiv verlaufen kann.

Was mir fern liegt, ist eine Abrechnung. Auch deshalb habe ich darauf verzichtet, die Namen derer zu nennen, die uns zu Opfern gemacht haben. Aus diesem Grund sind auch nicht alle Vorfälle und Gewalttaten in diesem Buch beschrieben.

Inhalt

Das gelbe Rennrad

Das knallgelbe Rennrad im Kaufhaus der Kreisstadt war mein Traum. Damit konnte ich mit den Freunden gleichziehen und bei den täglichen Ausfahrten dazugehören. Das Damenrad meiner Mutter konnte bei ihrem Tempo nie mithalten.

Bei der Weinlese hatte ich Geld verdient, Mutter gab mir den Rest zu meinem Glück dazu. Es war unglaublich viel Geld für mich. Ich ließ es mir nicht nehmen, die 20 Kilometer mit meinem neuen Rennrad nach Hause zu fahren. Ich war der glücklichste und stolzeste Junge der Welt.

Vaters Fahrrad hatte einen festen Standplatz im Hof. Einige Tage nach meinem Neuerwerb erlaubte ich mir, das Rennrad genau dort abzustellen. Wenige Stunden später war mein Vater zurückgekommen, das Rennrad war verschwunden. Eingehüllt in den üblichen Alkoholdunst, begegnete er meinem suchenden Blick mit einem hämischen Grinsen. Ich fragte ihn wo mein Rennrad sei. Er sagte nur trocken und gefühllos: »Es ist da, wo es hin gehört«.

Mein Blick wanderte durch den Hof und blieb an der Mülltonne hängen, deren Deckel etwas offen stand. Es konnte nicht wahr sein. Die wenigen Meter zur Tonne wurden zur Ewigkeit. Jeder Zentimeter war mir gewahr. Ich öffnete den Deckel. Mein knallgelbes Rennrad steckte, in handliche Stücke zerkleinert, im Müll.

In diesem Moment starb ein Teil meiner Seele. In diesen Sekunden schwor ich mir, ihn irgendwann umzubringen.

Meine ersten Erinnerungen betreffen den Kindergarten. Es sind wenig schöne, mehr tragische und leidvolle Erinnerungen. Der Kindergarten war auf der Hauptstraße in einem großen alten Haus. Ein einziges Detail davon ist völlig klar und deutlich in mir eingebrannt. Die Kellertreppe, auf der ich Todesängste ausstand, auf der ich viele Stunden in völliger Dunkelheit und Angst verbracht habe. Ich habe heute noch mit diesem Trauma zu kämpfen, ertrage keine verschlossenen Räume, in denen ich mich befinde.

Unartige Kinder wurden zur Strafe in den Keller gesperrt und mussten dort oft eine ganze Stunde warten, bis die Erzieherin sie wieder frei ließ. Der Keller roch modrig, faulig, hatte aber auch angenehme Gerüche nach eingelagerten Äpfeln und Kartoffeln zu bieten. Ich kann diesen Keller nicht beschreiben, weil ich ihn nie freiwillig und bei Licht betreten habe. Eine Holztür mit schweren Eisenbeschlägen verschloss diesen Kerker. Eine steinerne Treppe führte in einer Rechtskurve ins Dunkel.

Vor einigen Jahren hat mich mein Sohn aus Spaß in seinem Kinderzimmer eingesperrt. Mir wurde heiß, der Puls raste und ich hatte das Gefühl, die Besinnung zu verlieren. Es war erschreckend zu erleben, wie ich mich von einer auf die andere Sekunde in einen Tobsuchtsanfall hinein steigerte und fast die Tür eingetreten hätte. Plötzlich waren in mir wieder genau diese Bilder und Gerüche von damals vorhanden. Paul verstand das gar nicht und reragierte verwirrt und ängstlich. Während ich ihm die Hintergründe erklärte, eröffnete sich für mich erst, was da so lange in meinem Unterbewusstsein begraben war.

Im Mai 1968 wurde der neu erbaute Kindergarten feierlich eröffnet. Er hatte einen schmalen Vorgarten und man kam durch die Eingangstür in einen langen Flur, der immer nach Pfefferminztee roch.

Links waren drei große Gruppenräume, die durch mobile Faltwänden zu einem Saal geöffnet werden konnten. Rechts des Flures lagen die Sanitärräume, eine Teeküche und ein Abstellraum. Der Flur endete an der Tür zum Spielplatz der auch aus jedem Gruppenraum über eine Terrasse zu erreichen war.

Es gab ein Klettergerüst, Schaukeln, Sandkästen und viel Wiese. Von der Rückseite des Gebäudes ging es hinunter in eine Art Garage. Hier wurden im Sommer Liegen aufgestellt für den Mittagsschlaf.

Das war mein persönlicher Horror. Ich war hyperaktiv mit ADHS Syndrom und an Mittagsschlaf war bei mir gar nicht zu denken. Geschweige denn daran, dass ich eine Stunde ruhig liegen sollte. Unsere Erzieherin hätte auch im Traum nicht daran gedacht, mich oder andere Kinder vom Ritual des Mittagsschlafes zu befreien. Diese Stunde dauerte eine Ewigkeit und war meist durch Beschimpfungen und Sanktionen geprägt.

Im ersten Jahr hatte ich eine sehr liebevolle Erzieherin, eine evangelische Ordensschwester. Ihre sehr langen grauen Haare hatte sie zu einem Zopf geflochten, der zu einem »Nest« aufgerollt wurde und unter der weißen Haube Platz fand.

An sie habe ich nur sehr positive Erinnerungen. Die Gruppen waren nach Alter aufgeteilt. Die Kleinsten waren im hinteren Gruppenraum untergebracht. Von Jahr zu Jahr wanderte man nach vorne. Ich hatte im nächsten Jahr also eine andere Erzieherin. Sie war sehr unangenehm, streng und vor allem auch gewalttätig. Ich hege heute noch Groll gegen diese Frau. Mein Freund Friedrich und ich waren ihre Sündenböcke. Egal was passierte, wir bekamen die Strafe.

Wir wurden in einen Nachbarraum geführt, ihr Büro. Sie setzte sich auf einen Stuhl, legte einen nach dem anderen übers Knie und versohlte uns den Hintern. Mit dem langen Holzlineal war es besonders schmerzhaft.

Ganz extrem wurden die Strafaktionen dieser Dame in meinem letzten Kindergartenjahr. Ab der Zeit war ihr Enkelsohn in unserer Gruppe. Obwohl er zu den Kleinsten hätte gehen müssen, wurde eine Ausnahme gemacht, damit er unter dem Schutz seiner Oma sein konnte. Der Junge verstand schnell seinen Status in der Gruppe und nutzte ihn aus. Er hatte auch schnell kapiert, dass Friedrich und ich die Sündenböcke waren. Das wurde fast täglich zu unserem Verhängnis.

Der Junge hatte einen Lastwagen aus Plastik. Der war fast so lang, wie wir Jungs groß waren. Dieser Laster war sein persönliches Spielzeug, auf das nur er Anspruch hatte. Andere durften keine eigenen Sachen mitbringen. In einer Ecke gab es den grünen, so genannten Bauteppich. Friedrich und ich spielten hier am liebsten mit den Bauklötzen.

Unser Ehrgeiz war es, einen möglichst hohen Turm zu bauen. Oft mussten wir uns auf einen Stuhl stellen, um weiter daran bauen zu können.

Der kleine Teufel trachtete uns jedes Mal mit seinem Laster den Turm umzufahren. Im Unmut schlugen wir ihn und das zog Strafen nach sich, die schmerzhaft mit dem bekannten Holzlineal vollzogen wurden.

Zu den schönen Erinnerungen zählt eine Bäckerei mit Eisdiele auf halbem Weg zum Kindergarten. Dort durften wir uns im Sommer oft eine Kugel Eis kaufen. Albert, mit dem ich zusammen in den Kindergarten ging, nahm immer eine Kugel Zitronen- und ich eine Kugel Bananeneis. Das waren Glücksmomente! Oder die Bäckerei schräg gegenüber des Kindergartens. Dort durften wir uns hin und wieder ein Teilchen kaufen. Die gefüllten Hefeteiggebäcke hatten eine traumhafte Nuss-Nougat-Creme.

Meine Einschulung im Sommer 1970 hatte ich sehnsüchtig erwartet. Mutter ging mit mir und Albert an der Hand zum Gottesdienst, der für die ABC-Schützen abgehalten wurde. Von der Kirche ging es zu Fuß in die Schule, in deren Turnhalle eine feierliche Begrüßung durch den Rektor stattfand. Größere Schüler zeigten uns ein Theaterstück und sangen Lieder. Wir wurden auf die Klassen 1a und 1b aufgeteilt und gingen zum ersten Mal in unser Klassenzimmer.

Meine Lehrerin war Frau Wilhelm. Sie verstand es, einen strengen und gleichzeitig abwechslungsreichen, interessanten Unterricht zu gestalten. Leider hatte ich nur zwei Jahre das Vergnügen. Für sie war der Beruf noch eine Berufung statt reiner Pflichterfüllung. Ich entwickelte mich zu einem sehr eifrigen Schüler und hatte Megaspaß an der Schule.

Im Winter des zweiten Schuljahres setzte mich ein Unfall für einige Tage außer Gefecht. Es war eine kleine Ewigkeit. Vater war an diesem Wochenende mit dem Kegelclub in Berlin. Es war Samstagvormittag. Mutter hatte uns ermahnt, dass es bald Mittagessen geben sollte. Wir hörten natürlich nicht auf ihre Anweisungen.

Die Seen um unser Dorf herum waren zugefroren. Wir waren zum Schlittschuhlaufen und Eishockeyspielen nochmal kurz draussen. Ein etwas älterer Jung hatte von seinem Vater einen Eishockeyschläger gebastelt bekommen. Er war aus Teilen eines alten Wasserleitungsrohres zusammengesetzt und hatte damit enorme Durchschlagskraft.

Den Puck unter Kontrolle, lief der Junge in Richtung Tor. Ich versuchte, ihm den Puck abzujagen. Thomas setzte zum Schlag an, schlug mit voller Wucht den Puck Richtung Tor, drehte sich durch den enormen Schwung um seine eigene Achse und traf mich mit seinem Schläger im Gesicht.

Eine Platzwunde klaffte unter meinem rechten Auge. Als ich, auf dem Eis sitzend, wieder einen klaren Gedanken fassen konnte, sah ich um mich herum nur noch Blut, Schnee und Eis waren rot gefärbt. Thomas gab mir sein Stofftaschentuch, um die Wunde zu stillen.

Auf dem Fußmarsch ins Dorf wrangen wir zwischendurch immer wieder das Taschentuch aus und legten im wahrsten Sinne des Wortes eine Blutspur.

Zuhause angekommen, brach Hektik aus. Mutter übergab den Schwestern die Verantwortung für das Mittagessen, zog sich einen Mantel über und schnappte ihr Fahrrad. Ich setzte mich auf den Gepäckträger, hielt mit einer Hand ein neues Taschentuch auf die blutende Wunde, sicherte mich mit der anderen Hand am Sattel und los ging die Fahrt zum Arzt.

Thomas hatte Mutter beim Tausch des Taschentuches gebeten, seines doch bitte zu waschen und ihm wieder zu geben. Er hatte Angst, seine Mutter würde ihn wegen des eventuellen Verlustes des Taschentuches bestrafen. Der hatte vielleicht Sorgen…

Unser Hausarzt versorgte die Wunde und rief einen Krankenwagen. Ich musste in die Chirurgie. Auf die Fahrt mit dem Krankenwagen freute ich mich seltsamerweise sehr. Der Fahrer war sogar aus unserem Dorf und er erlaubte mir, vorne auf dem Beifahrersitz auf dem Schoss meiner Mutter zu sitzen. Obwohl es nicht notwendig war, fuhren wir auf meinen Wunsch hin mit Blaulicht und Martinshorn. Mein Gott war ich stolz!

Im Krankenhaus kümmerten sich sehr liebevolle Schwestern um mich und Mutter. Da durch die Bereitschaft sehr viel los war, musste ich auf einer Trage im Flur auf den Arzt warten. Viele Menschen gingen an meiner Trage vorbei, trösteten mich und sprachen mir gut zu. Es war ein rührendes Gefühl zu spüren, dass andere Menschen an meinem Schicksal Anteil nahmen. Irgendwie wurde meine Verletzung dadurch zur Nebensache oder sogar zu einem positiven Erlebnis.

Dann kam endlich der Chirurg namens Dr. Jovanovic. Er ging so liebevoll und vorsichtig mit mir und meiner Mutter um. So etwas hatte ich noch nie am eigenen Leib erlebt.

Er hörte mir aufmerksam zu und streichelte mir die Hand. Ausführlich erzählte er, was er jetzt alles tun würde. Falls es weh tat dürfte ich jederzeit schreien, weinen und ihn auch beschimpfen.

Er hat mich emotional in eine Art Trance versetzt. Die folgende Operation fand lediglich unter örtlicher Betäubung statt. Ohne ein einziges Klagen ließ ich sie über mich ergehen.

Es mussten zahlreiche Nerven zusammengenäht werden und ich fand die Gespräche und Anweisungen des Operationsteams untereinander super interessant. Die Operation dauerte vier Stunden. Mutter war diese Zeit wie eine Ewigkeit vorgekommen und sie wurde auf dem Krankenhausflur fast wahnsinnig vor Sorge um mich.

Da in dem Krankenhaus kein Stationsbett frei war durfte ich mit der Maßgabe des Arztes wieder mit nach Hause, dass wir am nächsten Morgen zur Kontrolle kommen sollten.

Zu Hause hatte sich die Nachricht über meinen Unfall natürlich schon wie ein Lauffeuer verbreitet. Verschiedene Nachbarn kamen vorbei, um sich nach meinem Wohlbefinden zu erkundigen oder einfach nur, um ihre Neugier zu stillen. Nachbar Borchert bot sich an, uns am nächsten Morgen wieder ins Krankenhaus zu bringen.

Oma hatte an diesem Samstag Hefekuchen gebacken und Tante Christa brachte uns welchen, während ich mit Mutter im Krankenhaus war. Am Sonntagmorgen wollte ich von diesem Streuselkuchen essen, öffnete meinen Mund etwas zu weit und ein Teil meiner vernähten Wunde riss wieder auf und vergrößerte sich noch.

Nun war auch mein rechter Nasenflügels eingerissen und musste genäht werden. Diese Operation verlief irgendwie nicht so problemlos. Jetzt stand ich nicht mehr so unter Schock und hatte höllische Schmerzen. Von Tapferkeit war keine Rede mehr.

Bis die Fäden meiner genähten Wunde gezogen werden konnten durfte ich nicht zur Schule gehen. Täglich musste ich mit Mutter mit dem Bus nach Worms fahren, um im Krankenhaus versorgt zu werden. Der Verband wurde gewechselt und ich bekam Unmengen von Salbe auf die Wunde und vor allem auch in mein Auge geschmiert.

In der Nacht von Sonntag auf Montag kam Vater aus Berlin zurück und machte Mutter wahnsinnige Vorwürfe. Der idiotischste Spruch war, sie sei nicht einmal in der

Lage ein Wochenende ohne ihn zu überstehen, ohne dass eine Katastrophe passieren würde.

Für die unangenehmen Behandlungen im Krankenhaus wurde ich von Mutter immer fürstlich belohnt. Es gab ein Süsswarengeschäft, wo ich eine Tüte Erdbeeren bekam, die ich während der Busfahrt nach Hause aufaß.

Die Wunde in meinem Gesicht verheilte problemlos, auch der verpasste Unterricht hatte keinerlei Auswirkungen. Meine Hausaufgaben hatte ich jeden Tag gemacht und daher waren auch hier keine Nachwirkungen zu erwarten.

Es gibt eine Familie, der ich mich zu großem Dank verpflichtet fühle. Es ist die Familie von Heinrich und Magda Borchert, die auf der anderen Straßenseite meines Elternhauses einen Bauernhof hatten. Dort konnte ich ein- und ausgehen und hatte so etwas wie ein zweites Zuhause.

In den Ferien habe ich oft früh morgens mitgeholfen den Stall auszumisten, die Kühe und Kälber zu füttern und Futter vom Feld zu holen. Ich habe es geliebt, mit auf dem Traktor in die Felder zu fahren, den Bauern bei seinem Tagwerk zu begleiten und ihn bei der Feldarbeit zu unterstützen.

So verbrachte ich dort Tage von Sonnenauf- bis Sonnenuntergang. Ich wünschte mir oft, meine Eltern hätten auch eine Landwirtschaft. Dann wäre ich Landwirt geworden. Auch die Hausschlachtungen waren ein aufregendes Highlight im Winter.

Am Tag vorher wurde alles vorbereitet und zurecht gemacht. Morgens wurde das zu schlachtende Schwein aus dem Stall geholt, durch die Scheune in den Hof getrieben und an einem der hinteren Beine mit einem Strick festgebunden. Der Metzger setzte dem Tier das Bolzenschussgerät auf die Stirn und mit einem lauten Knall brach das Schwein zusammen.

Mit einem Messer wurde dem Schwein die Halsschlagader durchtrennt und das Blut schoss in einem dicken Strom in eine tönerne Schüssel. Es wurde in einen Eimer geschüttet und musste mit einem Holzstock umgerührt werden, um zu verhindern dass es gerinnen konnte. Der Metzger tauchte dann mit seinem Finger in das Blut und machte mir einen Strich auf jede Wange. Er nannte es Blutstaufe. Wie war ich stolz darauf!

Ich hatte oft das Gefühl, ein Ersatzsohn für den Nachbarn zu sein. Er hatte nur zwei Töchter im Alter meiner Schwester Ursula, aber keinen Sohn, der die Landwirtschaft hätte übernehmen können.

Die Nachbarn hatten eine große Küche mit einem riesigen Esstisch. Zu den Mahlzeiten saß die ganze Familie um den Tisch, jeder an seinem festen Platz und ich mittendrin. In der Regel bekam jeder ein Stück Fleisch oder Bratwurst. Da ich aber oft außer der Reihe zum Essen dort blieb, gab jeder ein kleines Stück seines Fleisches an mich ab. Dies war ein Ritual, mit einer unschätzbaren Bedeutung für mich. Die Familie war katholisch und sehr gläubig. Für sie war es ein selbstverständlicher Akt der Nächstenliebe. Für mich war es aber bedeutend mehr.

Zu jeder Mahlzeit wurde ein Gebet gesprochen und die ganze Familie besuchte regelmäßig die Gottesdienste. Der Bruder des Bauern war katholischer Pfarrer und hielt die Beerdigungszeremonie ab. Ich lebte damals schon in Düsseldorf, habe es mir jedoch nicht nehmen lassen, diesen Menschen auf seinem letzten Weg zu begleiten.

In Gesprächen mit der Frau in den letzten Jahren wurde auch unsere Situation als Kinder unter der Tyrannei unseres Vaters thematisiert. Es war erstaunlich, wie viel unsere Nachbarschaft von unserem Schicksal mitbekommen hat. Sie schilderte mir Situationen, die ich längst verdrängt hatte. Ich muss wohl sehr oft vor den brutalen Ausbrüchen unseres Vaters zu ihnen geflüchtet sein. Dort wurde ich aufgefangen und nie abgewiesen. Es war für mich ein Ort, an dem ich mich sicher und geborgen fühlte. An ein Erlebnis kann ich mich jedoch noch genau erinnern.

Es war zur Weihnachtszeit. Ich muss noch keine zehn Jahre alt gewesen sein. In unserer kleinen Küche stand mittig an der Wand ein Herd, links daneben ein Ölofen. Mit dem wurde die Küche und das kaum größere Ess- und Wohnzimmer geheizt. Rechts neben dem Herd stand ein Kühlschrank. An der Wand gegenüber stand eine Anrichte. Darauf stand immer unser Weihnachtsbaum, der mit bunten Kugeln, Lametta und echten Kerzen geschmückt war.

Eines Tages wollte ich die Kerzen des Weihnachtsbaumes anzünden, hatte aber weder Feuerzeug noch Streichhölzer zur Hand. Ich versuchte eine Kerze an der heißen Oberfläche des Ölofens zu entflammen.Das funktionierte natürlich nicht. Im Gegenteil. Irgendwann wurde es mir an den Fingern zu heiß und ich ließ die Kerze auf die heiße Platte fallen. Die Kerze schmolz sofort und im nächsten Augenblick hatte sich das Kerzenwachs entzündet und die Oberfläche des Ofens stand in Flammen.

Ich flüchtete panikartig über die Straße in die Sicherheit. Dort saß man in der großen Wohnküche zusammen und sah fern. Ich setzte mich kommentarlos dazu, was für die Anwesenden keine Besonderheit war. Wenige Stunden später, als sich zu Hause die Wogen wieder geglättet hatten, kam meine Mutter mich abzuholen und erzählte, was vorgefallen war.

Dieses Fluchtverhalten habe ich teilweise heute noch drauf. Es liegt daran, dass wir als Kinder nicht lernten uns Problemen zu stellen, weil Probleme nicht besprochen, sondern kommentarlos bestraft wurden. Ich kann mich nicht an einen einzigen Fall erinnern, wo ein entstandenes Problem ausdiskutiert oder auch nur vernünftig besprochen worden wäre. Entweder es wurde bagatellisiert, meist dann, wenn ich der Verursacher des Problems war. Oder es wurde mit Prügel oder verbalen Wutausbrüchen unseres Vaters bestraft. Oft war die Flucht das einzige Mittel, einer Prügelstrafe zu entgehen. Meine Schwestern sind meist zur Oma geflüchtet und dann oft tagelang dort geblieben. Teilweise haben sie abwechselnd Wochen, sogar Monate, bei Oma und Tante gewohnt.

Ich habe mich in den letzten zehn Jahren meinem Problem des »Fluchtverhaltens« gestellt. Ich habe es noch nicht ganz im Griff, bin aber auf einem guten Weg. Es ist nicht einfach, ein in früher Kindheit geprägtes Verhalten zu ändern.

Belastender als die Prügelstrafen war die Unberechenbarkeit unseres Vaters. Wir konnten nie sicher sein, was uns erwartete, wenn wir nach Hause kamen. Oder auch, was uns erwarten würde, wenn er das Haus betrat. Die Sekunden bevor wir oder Vater das Haus betraten, waren von immenser Spannung, Angst und auch Hoffnung auf einen guten Ausgang. Der kleine Albert weinte oft schon, wenn er das Haus betrat oder unser Vater im Hof zu hören war. Oft war es so, dass Vater wortlos und ohne Vorankündigung auf eins meiner Geschwister einprügelte. Den Grund erfuhren wir nicht. Meist sagte er nur: »Du weist schon warum!« Wir haben dann alle geweint und der eine oder andere von uns machte sich vor Angst in die Hose.

Wie gesagt, hat es mich selten getroffen, aber das Mitleid mit meinen Geschwistern war unerträglich. Oft mussten danach alle sofort ins Bett gehen. Nur ich durfte noch aufbleiben und mit ihm fernsehen oder Musik hören. Das hat den Hass meiner Geschwister natürlich nicht verringert. Es mich damals fast zerrissen. Auf der einen Seite empfand ich ein Gefühl der Solidarität und des Mitleids mit meinen Geschwistern und auf der anderen Seite die Freude über Vaters scheinbaren Liebesbeweis.

De Beschterot

Vater war ein großer, schlanker Mann. Seine rötlichbraunen Haare hatte er in mittlerer Länge zurückgekämmt, so dass seine Geheimratsecken deutlich zum Vorschein kamen. Er trug so gut wie immer eine blaue Latzhose und einen grauen Arbeiterkittel, dazu war der Hut aus Kunstleder oder auch Cord obligatorisch. Obwohl er nur selten eine Anstellung hatte, kleidete er sich immer so, als wäre er auf dem Weg zur Arbeit oder käme gerade von dort. Meist war er mit einem Fahrrad unterwegs. Einige Jahre lang besaß er auch ein Mofa, welches er sich von einem meiner Schwester zustehenden Schmerzensgeld zugelegt hatte.

Jeder im Dorf kannte ihn als den „Beschterot". Dieser Spitzname war aus dem Nachnamen abgeleitet und nahm Bezug auf seine rötlich schimmernden Haare. Mit seinem Vornamen Karl-Heinz wurde er nur selten angesprochen.

In der Regel war er ein gern gesehener Gast. Er konnte unterhaltsam sein, hatte viel Humor und war spendabel, falls die Mittel zur Verfügung standen. Im Prinzip konnten selbst Fremde das letzte Hemd von ihm haben. Nach außen hin ganz der Charmeur und zuvorkommende, hilfsbereite Mensch. Nach Innen aber ein Tyrann und Scheusal. Es war sehr schwer, mit ihm umzugehen.

Vater wurde am 13. Februar 1936 bei Mainz geboren. Sein Bruder Willi war fünf Jahre älter. Die Mutter stammte aus dem schwäbischen Unterreichenbach und kam mit 30 Jahren als Wäscherin zu den Nachbarn.Großvater war damals 50 Jahre alt und Alkoholiker. Von Beruf war er Landwirt mit eigenem Betrieb. Im Prinzip wuchsen Vater und Onkel sehr behütet auf. Ihre Erziehung war geprägt durch die überaus herzliche und liebevolle Eigenschaft ihrer Mutter, die aus dem Schwäbischen kam und für die damaligen Verhältnisse sehr spät ihre Kinder auf die Welt brachte.

Grossvater war von seinem Wesen her ein sehr dickköpfiger und halsstarriger Mensch. Er war cholerisch, alkoholabhängig und nicht gerade liebevoll. Großmutter hat die beiden Jungen immer vor seinen Übergriffen in Schutz genommen. Sie hat auch immer dafür gesorgt, dass, wenn sie etwas angestellt hatten, es möglichst straffrei blieb, indem sie es vor ihm verheimlichte.

Dank der Landwirtschaft waren die Kriegsjahre nicht sehr entbehrungsvoll, so dass wenigstens Lebensmittel in ausreichendem Maß vorhanden waren. Durch Großvaters Sucht und weil sie ein Weingut hatten, war der Umgang mit Alkohol schon sehr früh ein regelmäßiger und wichtiger Bestandteil des Lebens. Eine Alkoholkrankheit war den Brüdern vorprogrammiert.

Vaters Schulzeit verlief im Prinzip reibungslos und ohne Probleme. Er war ein sehr guter Schüler und brachte immer einwandfreie Zeugnisse nach Hause. Jedoch wurde ihm der Besuch einer weiterführenden Schule untersagt, da Opa davon ausging, dass er später einmal den Betrieb als Landwirt oder Winzer übernahm. Sein eigentliches berufliches Ziel war jedoch Zweiradmechaniker und keinesfalls Winzer. So beschloss unser damals bereits totkranker Großvater für ihn eine Ausbildung zum Küfer.

Mit 19 lernte Vater bei den Nachbarn unsere Mutter kennen gelernt. Sie war dort als Hauswirtschaftsschülerin im Dienst. Mutter war ein bildhübsches, aber sehr naives junges Mädchen. Sie war sehr liebevoll und es gab für Vater nichts Reizvolleres als ihr den Kopf zu verdrehen. Der Erfolg seiner Verführungskünste führte wenige Monate später zur ersten Schwangerschaft. Damals gab es natürlich keinerlei Alternativen zum Heiraten.

Großvater war inzwischen an Hodenkrebs gestorben. Großmutter erbte das lebenslange Wohnrecht im Haus. Unser werdender Vater und sein Bruder, die immer Geldprobleme hatten, sprachen mit der Oma. Sie bekam bei diesem Onkel ein Zimmer eingerichtet und verzichtete auf ihr Wohnrecht. Der Hof wurde samt zugehöriger Ländereien anschließend verkauft.

Herr Hamm in Köngernheim, wo ich manche Herbstferien verbracht hatte, war ein sehr guter Geschäftsmann und konnte zukunftsorientiert denken. Er kannte die beiden Brüder sehr gut, wusste über deren Lebenswandel und vor allem die nicht vorhandene Fähigkeit mit Geld umzugehen, Bescheid. Er betreute zusammen mit dem Bürgermeister den Verkauf des Gutes.

Um Vaters Anteil kümmerte sich Herr Hamm, der besagte Bürgermeister und Oma. Sie kauften davon unser Elternhaus. Die drei Herrschaften sorgten auch dafür, dass das neue Haus auf den Namen meiner großen Schwester Ursula geschrieben wurde. Mutter war zu diesem Zeitpunkt bereits mit meinem Bruder Ronald schwanger.

Es zeigte sich sehr bald, dass Vater als Ehemann und Familienvater völlig überfordert war. Heute würde man ihn einen Hallodri nennen. Er hatte in einer Musikkapelle gespielt und war eigentlich nur darauf fixiert, mit Freunden um die Häuser zu ziehen, viel zu trinken und Party zu machen. Dies war mit einem Familienleben nicht mehr zu vereinbaren. Er wurde sehr unglücklich und stürzte sich immer mehr in den Alkohol.

Mutter war eine sehr attraktive Frau. Sie war in jeder Lebenssituation gut gekleidet und vernachlässigte nie ihr Äußeres. Am liebsten trug sie knielange Röcke mit einer Bluse oder einem Pullover. Ihre Frisur war ebenfalls immer tadellos, wofür später dann auch meine Schwester Ursula als gelernte Friseurin sorgte. „Irm", von Irmtraud, so wurde sie genannt, war äußerst beliebt und geachtet. Man zollte ihr überall Respekt und es war ein Genuss, mit ihr im Dorf einkaufen zu gehen. Alle hatten immer ein freundliches und aufmunterndes Wort für sie.

Sie war ungefähr 1,70 Meter groß, hatte einen auf mich als Kind riesig wirkenden Busen und war mittelschlank. Meine Mutter war ein geselliger Typ, lebenslustig, hatte gerne Freundschaften mit anderen Frauen, meist Arbeitskolleginnen oder Nachbarinnen. Sie hatte jedoch leider nicht viel Zeit diese Freundschaften außerhalb der Arbeit zu pflegen. Zwei Jobs waren normal, einen vormittags, einen am späten Nachmittag bis in den Abend hinein. Zu manchen Zeiten hatte sie sogar drei Jobs und eine Arbeitszeit von zwölf Stunden täglich. Zusätzlich war ein Acht-Personenhaushalt zu bewirtschaften. Ich schreibe es ihrer nervlichen und körperlichen Belastung zu, dass sie in jeder Hinsicht extrem sein konnte. Sie konnte sehr liebevoll, mütterlich und hilfsbereit sein. Sie hätte für uns Kinder jederzeit ihr Leben gegeben. Jedoch konnte sie nicht nur psychisch, sondern auch körperlich gewalttätig gegen uns Kinder sein. Körperliche Übergriffe auf uns gab es immer nur dann, wenn sie nervlich am Ende war und keinen anderen Ausweg mehr sah. Diese Tatsache hat uns Kinder sehr leicht verzeihen lassen.

Niemand dachte ernsthaft an das Thema Verhütung. So kam dann ein Kind nach dem anderen, und wir waren, Vater 29 und Mutter 26-jährig, eine achtköpfige Familie. Für Vaters Lebensplanung und Lebenseinstellung eine absolute Katastrophe. Sein beruflicher und sozialer Niedergang waren vorprogrammiert. Ein Zeichen seiner Flucht vor diesem Leben war die Tatsache, dass er Jobs als Fernfahrer suchte, um möglichst lange von der Lebenssituation »Familie« getrennt sein zu können.

Das gute Verdienst als Fernfahrer brauchte er zum Großteil für sich selbst, um seinen Alkoholkonsum zu finanzieren. Ohne Mutter als fleißige und sparsame Hausfrau und Oma im Hintergrund, hätten wir nicht genügend zu essen gehabt.

Wegen des Alkohols hat er sehr oft seinen Job verloren. Zwar konnte man ohne großes Risiko unter Alkoholeinfluss ein Fahrzeug steuern, er wurde jedoch in aller Regel nach einigen Verwarnungen entlassen. Oft hat er mehrmals im Jahr die Anstellung gewechselt und ab dem 35. Lebensjahr so gut wie gar nicht mehr gearbeitet. Das machte einen unglücklichen, sehr aggressiven und cholerischen Menschen aus ihm. Kein Wunder, dass er nicht mal sein Rentenalter erreichte.

1979 geschah etwas, was ebenfalls nie aufgeklärt und öffentlich gemacht wurde. Jemand hatte versucht, Vater zu vergiften. Man hatte ihm in seine Lieblingsschokolade – Rum-Trauben-Nuss – mit einer Injektionsspritze das Gift E605 gespritzt. In der Nacht ging es ihm sehr schlecht und wir holten die katholische Gemeindeschwester. Die stellte fest, dass es sich um eine Vergiftung handelt und rief den Krankenwagen. Heinz und ich fuhren mit ins Krankenhaus. Wir waren auch dabei, als ihm der Magen ausgepumpt wurde. Der Mageninhalt wurde sofort im Labor untersucht und die Diagnose der Gemeindeschwester bestätigte sich. Es war Gift. Die Krankenhausveraltung alarmierte die Polizei, welche Vater mehrmals im Krankenhaus und auch später zu Hause befragte. Aber er wollte nichts preisgeben, außer, dass er sie geschenkt bekommen hatte. Wer hatte Grund Vater umzubringen? War es einer seiner Kumpane, denen er immer wieder Ingrid überlassen hatte? Oder war es jemand, der uns von einem Tyrannen befreien wollte? Diese Frage wird wohl nie beantwortet werden.

Es war im Sommer 1993. Mein Bruder informierte mich, dass Vater im Krankenhaus lag. Er war unheilbar an Krebs erkrankt. Am darauf folgenden Wochenende sprachen wir mit dem behandelnden Arzt. Der erklärte Vaters Gesundheitszustand als sehr kritisch und aussichtslos. Er sollte noch maximal sechs Monate zu leben haben. Die Wahrscheinlichkeit, dass er Weihnachten noch erleben würde, wäre sehr gering. Wir beschlossen, Vater seine Lage nicht zu erklären, sodass er die ihm noch verbleibende Zeit unbeschwert verbringen konnte.

Ronald hatte ein großes Haus mit Gästezimmer und holte Vater zu sich. Aber schon kurze Zeit später wurde aus dem hilfsbedürftigen älteren Mann wieder ein Tyrann. Sein Gesundheitszustand verbesserte sich von Tag zu Tag. Von einer Verschlechterung oder gar Bettlägerigkeit war keine Spur.

Nach drei Monaten bekamen Ronald und Vater Streit, weil der das abendliche Fernsehprogramm bestimmen wollte. Und das als Gast im Haus, das war typisch! Da es nicht bei diesem einen Streit blieb, beschloss Ronald den Alten wieder zurück in seine Sozialwohnung zu bringen.

Zu unserer Überraschung ging es gesundheitlich immer weiter bergauf mit ihm. Die erwarteten Schmerzen blieben aus. Die Monate gingen ins Land, bis er im Juli des nächsten Jahres ins Krankenhaus eingeliefert wurde. Ich fuhr am Wochenende hin und fand einen durch starke Schmerzmedikamente sedierten Mann, der weder mich noch Ronald erkannte. Wenige Tage später lag er schon im Sterbezimmer.

Birnenkompott

Dieses Kapitel möchte ich unserer Oma mütterlicherseits und der Tante Christa widmen.

Oma und Tante lebten zusammen in einem Häuschen in einem anderen Viertel des Dorfes. Man betrat es über eine hölzerne Haustür, die eine Glaseinlage hatte. Zur rechten Seite des kurzen Flures ging eine Holztreppe ins Obergeschoß. Geradeaus war eine winzige Küche, die mit dem Waschbecken auch als Badezimmer diente. Links vom Flur, drei mal vier Schritte groß, war das Wohn- und Esszimmer. Mit Sofa, einem Sessel, Wohnzimmerschrank, Esstisch samt vier Stühlen, einem Fernseher mit Unterschrank und einem Kohleofen, war es gemütlich eingerichtet. An der Wand hing eine uralte Pendeluhr mit Schlagwerk. Diese Uhr hat heute einen Ehrenplatz in meiner Wohnung. Sie war das Hochzeitsgeschenk des Bürgermeisters an meine Großeltern.

Die Holztreppe, die vom Flur nach oben ging, mündete auf einem Podest. Dort standen eine Kühltruhe und ein Kleiderschrank. Es hatte ungefähr die Größe der darunter liegenden Küche. Vom Podest ging es ins Schlafzimmer, welches direkt über dem Wohnzimmer lag. Unter den Dachschrägen stand rechts und links an der Wand ein Bett. Eines für Oma und eines für die Tante. Es gab noch einen Kleiderschrank und eine alte Nähmaschine mit großem Fußpedal, Schwungrad und Treibriemen.

Opa war in den letzten Kriegstagen in Ungarn gefallen. Von da an war unsere Oma mit ihren beiden Töchtern auf sich alleine gestellt. Sie hatte nichts als eine kleine Kriegswitwenrente.

Oma verdiente den Lebensunterhalt für sich und ihre Töchter als Wäscherin, Köchin oder Hauswirtschafterin und arbeitete in der Landwirtschaft. Sie hatte ein hartes Leben und klagte immer, dass die Bauern Ausbeuter waren. Sie nutzten die Lage der Menschen, die nicht genug zu essen hatten, aus um sie als billige Arbeitskräfte auszubeuten. Sie musste oft für „eine Hand voll Kartoffeln" einen ganzen Tag auf dem Feld arbeiten.

Oma war eine starke, disziplinierte Frau, zu uns Kindern fürsorglich, liebevoll und herzlich. Wenn sie uns vor unserem Vater beschützte, zeigte sie oft sehr großen Mut und Courage.

Tante Christa war bereits mit einer starken Wirbelsäulenverkrümmung zur Welt gekommen und hatte einen richtigen Buckel. Sie hatte eine einzige kurze Ehe, wurde schwanger, verlor das Kind aber und blieb bis an ihr frühes Lebensende alleine.

Vater hasste die beiden Frauen abgrundtief. Sie hatten ihn von Anfang an durchschaut. Sie hatten gespürt, dass er nicht gut war und von ihm nichts Gutes zu erwarten war. Oma sorgte mit dafür, dass Vater seinen Erbteil nicht versoff, sondern ins Elternhaus investierte, welches auf Ursulas Namen gekauft wurde.

Mutter war das zweite Kind. Sie hatte es in ihrer Kindheit nicht leicht. Ihre größere Schwester Christa war drei Jahre älter und hatte eine gesonderte Stellung wegen ihres körperlichen Leidens. Von klein an musste Mutter im Haushalt hart arbeiten, weil Christa von schwerer Arbeit befreit war. Die harten Jahre der Nachkriegszeit haben alle geprägt. Oma wurde eine aufbrausende und bestimmende Persönlichkeit. Widersprüche wurden keinesfalls geduldet. Omas Wort war Gesetz und wurde im Notfall auch mit körperlichen Übergriffen durchgesetzt. Auch mit ihrer Umwelt geriet Oma immer wieder in Konflikte. Die nachbarschaftlichen Beziehungen waren völlig zerstritten. Auch die verwandtschaftlichen Beziehungen unserer Oma waren schwer belastet und es gab keine nennenswerte Kontakte zur Verwandtschaft. Die Gründe hierfür waren alle nichtig. Oma fühlte sich von ihrer Umgebung alleine gelassen. Sie hatte ihren Mann im Krieg verloren, aber viele aus ihrem Umfeld blieben von den Kriegsereignissen unbeschwert und ohne Verluste. Selbst Wertgegenstände, die sie nach dem Krieg noch hätte zu Geld machen können oder die für sie einen hohen ideellen Wert hatten, wurden konfisziert. So besaß Opa ein Motorrad mit Beiwagen, das vom Ortskommandanten der NSDAP beschlagnahmt wurde. Er fuhr es fortan und noch lange Jahre nach dem Krieg. Ihr Mann war gefallen, die Kriegsverbrecher blieben am Leben und bereicherten sich noch an denen, die schweres Leid und Verluste tragen mussten.

Bereits im Alter von 16 Jahren musste Mutter aus dem Haus gehen und eine Stelle als Hauswirtschafterin antreten. Früh den Vater zu verlieren und als junges Mädchen in die Fremde geschickt zu werden, blieb nicht ohne seelischen Schaden. Daraus erklärt sich, warum Mutter nie wirklich die Hilfe von Großmutter suchte oder in Anspruch nahm. Sie hatte kein Vertrauen zu ihr, war in der Mutter-Tochter-Beziehung nicht verwurzelt. Zwar hat sie gesehen, dass Oma immer für uns Kinder da war, aber sie hat nie gespürt, dass diese Hilfe auch für sie selbst bereit steht.

Meine ersten Erinnerungen an Oma reichen zum Tag meiner Einschulung zurück. Nach der Einschulungszeremonie gingen wir alle – ohne Vater, der solchen Anlässen immer fern blieb – zum Mittagessen bei ihr. Sie war eine fantastische Köchin. Als passionierter Hobbykoch versuche ich heute noch ein Gulasch zu kochen, wie sie es im Stande war. Keine Chance!

Oma trug immer Sorge, dass wir Kinder nicht hungern mussten. Unzählige Male hat sie Mutter Geld für Lebensmittel gegeben. Durch die entbehrungsreichen Kriegsjahre war Oma eine sparsame Frau geworden. Beispielsweise haben sich Oma und Tante Ch. zum Essen ein Schnitzel oder ein Fischfilet geteilt.

Ich bin mit dem Eindruck aufgewachsen, dass sie und Tante selbst nicht ausreichend Geld zum Leben zur Verfügung hatten. Erst als Oma starb, stellten wir fest, dass es einen beachtlichen Geldbetrag auf einem Sparbuch gab. Sie hatten sich dieses Ersparte über Jahrzehnte hinweg sprichwörtlich vom Munde abgespart.

Tradition und Herzensangelegenheit unserer Oma war es, uns Kinder zur Konfirmation einzukleiden. Diesbezüglich hat sie sich nie kleinlich gezeigt. Es sollte nur vom Besten sein. Wir sollten wenigstens hier den anderen Konfirmanden in nichts nachstehen. Mein Traum war es, in einem dunkelblauen Samtanzug mit weißem Hemd und dunkelblauer Fliege zur Konfirmation zu gehen. Sie erfüllte ihn mir.

Als Oma im Oktober 1983 ihren 75. Geburtstag feierte, war ich gerade zur Unteroffizierausbildung in Plön stationiert. Ich rief sie abends an und gratulierte ihr. Sie war über den Anruf und die Tatsache, dass ich an sie gedacht hatte so gerührt, dass sie kein Wort mit mir sprechen konnte. Meine Mutter, die während des Telefonats da war, berichtete später, es sei einer der wenigen Momente gewesen, in denen sie ihre Mutter hat weinen sehen. Meine Abwesenheit muss ihr sehr nahe gegangen sein. Immerhin hat sie mich die ersten 18 Jahre meines Lebens fast täglich gesehen.

1984, wenige Tage vor ihrem Tod, sah ich sie noch. Sie war schon länger bettlägerig und es war klar, dass ihr Ende nah war. Ich spürte deutlich, wie sie sich darüber freute und glücklich war, mich noch einmal zu sehen. Ich werde sie immer vermissen!

Sehr gerne erinnere ich mich an Omas Garten. Es war ein Gemüsegarten, wo sie auch Kartoffeln, Erdbeeren und Beerenfrüchte anbaute. Die Pflege und Arbeit war für Oma und Tante auf Grund deren Alters und Behinderung eine mächtige Herausforderung. Oft hat auch Mutter mit Hand angelegt. Vor allem dann, wenn es um die Kartoffelernte oder das Umgraben der Böden vor der Neupflanzung ging. Wir Kinder waren dann mit dabei und haben im Garten gespielt.

Das geerntete Gemüse wurde in gebrauchsfertige Portionen eingefroren, die Kartoffeln eingekellert; aus den Beeren und Früchten wurde Marmelade oder Gelee gekocht oder ebenfalls eingefroren. Eine dieser Spezialitäten von Oma waren in Weckgläser eingekochte Birnen. Ein Gedicht!

Ich weiß nur noch, dass Birnen geschält und in Stücke geschnitten wurden. Mit Wasser und Gewürzen, vor allem Zimtstangen, wurden sie dann in große Einmachgläser gefüllt und eingekocht. Freitags gab es bei uns meist eine Süßspeise zum Mittagessen. Und oft waren es diese

Birnenstücke mit so genannten „Ausgeschöpften". Hierbei handelt es sich um gestampfte Kartoffeln, die mit in Butter angerösteten Semmelbröseln serviert wurden. Vater hat nie bei der Gartenarbeit geholfen. Das war unter seiner Würde!

Mutter ging acht Stunden am Tag arbeiten. Teilweise hatte sie zwei Halbtagsjobs. Einen am Vormittag und einen von spät Nachmittags bis in den Abend hinein. Sehr oft und über Jahre hinweg haben wir Kinder deshalb bei Oma Mittag gegessen und Hausaufgaben gemacht.

Als die großen Schwestern mit 14 oder 15 Jahren alt genug waren, betreuten sie über Mittag die kleineren Geschwister. Mutter kochte abends vor und die Schwestern wärmten es mittags auf und servierten uns.

Das Organisationstalent von Mutter war bewundernswert. Wir Kinder kamen uns nie vernachlässigt vor. Es war immer für uns gesorgt.

Mich stimmte es immer sehr traurig, dass Oma und Tante außer zu uns keinerlei Sozialkontakte hatten. Ganz im Gegenteil. Sie waren mit der Nachbarschaft und der weiteren Verwandtschaft heillos zerstritten. Ich kann nicht ergründen, woran dies lag. Oma konnte starrköpfig und aufbrausend sein. An einer Meinung über jemanden hielt sie fest. Ich kann mich noch daran erinnern, als ich ihr Heila vorstellte. Sie ist ein ruhiger, ausgeglichener Mensch, aber nicht gleich mit jedem gut Freund. Beim ersten Besuch redete sie nicht viel mit Oma. Zumal ihr auch das Verstehen unseres Dialektes schwer fiel.

Hochdeutsch wäre Oma einer nie gelernten Fremdsprache gleich gekommen. Jedenfalls vertrat sie nach diesem Besuch die Meinung, Heila wäre stur und deshalb wäre ihr nicht zu trauen. Ich war sehr enttäuscht, wütend und traurig. Schließlich war es mir sehr wichtig, dass diese beiden Menschen sich verstehen und miteinander klar kamen. Ich habe danach monatelang nicht mit Oma gesprochen. Zumal ich von meinen größeren Geschwistern wusste, dass es ihnen mit ihren Partnern ähnlich ergangen war. Ich vermute heute, dass Oma der Fehlgriff unserer Mutter bei der Partnerwahl so sehr weh getan hatte, dass sie uns Kindern dieses Schicksal ersparen wollte und deshalb kein Mann und keine Frau gut genug für uns war.

Als sie jedoch merkte, dass ihr Widerstand keinerlei Wirkung zeigte und ich zu Heila stand, hat sie ihn aufgegeben. Eine Begebenheit belegte mir, wie sehr Oma an uns Kindern hing und wie sehr ihr an unserem Wohl und vor allem auch an unserem Zusammenhalt gelegen war. Es war am Tag vor meiner Hochzeitsfeier mit Heila

Alle meine Geschwister waren mit Partnern anwesend, auch Tante und Mutter. Wir saßen nachmittags zum Kaffee zusammen und Tante Ch. begann zu weinen. Auf die Frage, was denn los sei, sagte sie unter Tränen erstickter Stimme: »Ihr glaubt gar nicht, was Eure Oma dafür gegeben hätte, Euch alle noch einmal so zusammen zu sehen.«

Eine von vielen Erinnerungen an Oma, die sie für uns Kinder unvergesslich macht, ist diese: Es war einer dieser Wintertage, an denen der Seebach, der durch unser Dorf zum Rhein floss, zugefroren war. Er eignete sich hervorragend zum Schlittschuhlaufen. Wir sind oft kilometerweit auf ihm in Richtung Rhein gefahren.

Einer von uns musste erst das Eis auf seine Tragfähigkeit prüfen. An diesem Tag war es mein Bruder. Das Eis trug ihn nicht, er brach ein und stand fast bis zur Hüfte im Morast. Das hätte Vater als Grund für eine gehörige Tracht Prügel ausgereicht. Wir sind zu Oma gegangen und sie heilte das Dilemma.

Sie wusch die Hose und Strümpfe putzte die Schuhe von Heinz, heizte im Wohnzimmer stehenden Kohleofen anständig ein und trocknete alles darüber. Währenddessen servierte sie uns heißen Kakao mit Marmeladebroten.

Vater hat von diesem Vorfall, wie von so vielen anderen, nie erfahren. Oma löste unzählige für uns ausweglose Situationen.

Sie gab mir das Lebensmotto mit auf den Weg, das mich heute noch begleitet: »Wenn Du glaubst es geht nicht mehr, kommt irgendwo ein Lichtlein her.« Immer, wenn ich nicht weiter wusste und glaubte, es gäbe keinen Ausweg habe ich mich an diesen Spruch erinnert.

Nach Omas Tod ist Tante Christa sehr vereinsamt, weil niemand mehr von uns im Heimatdorf lebte. Es gab zwar noch Verwandtschaft, aber mit dieser wurde kaum Kontakt gepflegt. Das glaubten wir jedenfalls alle, bis kurz nach dem plötzlichen und unerwarteten Tod der Tante. Sie hatte wohl unter einer Altersdiabetes zu leiden und war vom Hausarzt ins Stadtkrankenhaus zur medikamentösen Einstellung eingewiesen worden.

Wenige Tage danach habe ich sie besucht und fast nicht wieder erkannt. Sie war völlig aufgedunsen. Ich hatte schon meine Ausbildung zum Krankenpfleger absolviert und mir ihr Krankenblatt angesehen. So bat ich den Stationsarzt um Erklärung. Meine Fachkenntnis beunruhigte ihn und er ordnete bei der Stationsschwester eine sofortige Veränderung der Medikamentengabe an. Zwölf Stunden später war Tante Christa trotzdem gestorben.

Einige Wochen danach bekam Mutter als Erbin Post von einem Notar. Tante hatte kurz vor ihrem Tod ein Testament aufsetzen lassen, welches sie aber nicht mehr rechtskräftig unterschreiben konnte. Dies verwunderte uns alle, weil Mutter sich um behördliche und sonstige geschäftliche Dinge von Tante Christa gekümmert hatte. Die Nachforschung beim Notar brachte die Wahrheit ans Licht. Eine Cousine, die mit ihrem Mann im Dorf lebte und sehr regen Kontakt, sogar gemeinsame Urlaube mit meiner Mutter hatte, überredete insgeheim die Tante, dass das gesamte Vermögen an die beiden gehen sollte. Sie wollten dafür die eventuelle Pflege der Tante übernehmen.

Das Nesthäkchen

Ich wurde im November 1963 als fünftes Kind geboren. Vater legte zu meiner Taufe fest, dass ich seinen Vornamen bekam, sonst wäre er überhaupt nicht mit in die Kirche gegangen. Mutter ließ sich notgedrungen darauf ein.

Es verging kein Tag ohne gewaltsame Konflikte in der Familie. Er verprügelte uns Kinder täglich aufs Schändlichste und tat auch Mutter Gewalt an, drohte ihr vor uns Kindern regelmäßig, sie umzubringen.

Wir Geschwister hatten gelernt nach außen hin gegenüber anderen Kindern Zusammenhalt zu praktizieren, aber untereinander waren wir lieblos. Jeder war sich selbst der Nächste. Jeder hat an jedem einzelnen Tag um sein eigenes Überleben gekämpft.

Wir waren emotional verwahrlost! Die Aggressionen unseres Vaters gegen jeden einzelnen meiner Geschwister waren so groß, dass nur der pure Egoismus half, diesen Druck psychisch zu überstehen. Es konnte gar kein Zusammengehörigkeitsgefühl aufkommen.

Aus meiner Position als Vaters Liebling stellte sich die Situation grundlegend anders dar, als für meine Geschwister. In aller Regel waren meine Geschwister in der Rolle der Opfer unseres Vaters und ich war in der Rolle dessen, der das Leid seiner Geschwister hilflos beobachten und auch ertragen musste. Es ist mir bewusst, dass die Opferrolle meiner Geschwister die deutlich schwierigere war. Aber auch meine Rolle hat tiefe Spuren hinterlassen.Ich habe während meiner Kindheit und Jugend keinerlei Vertrauen unter meinen Geschwistern genossen. Sie hatten wohl immer Angst, dass ich bei unserem Vater zum Verräter werden könnte. Verbündete unter meinen Geschwistern gab es für mich nicht. Dies hat mich immer sehr belastet und traurig gemacht, und es hat sehr viel Arbeit gekostet, das Vertrauen meiner Geschwister in späteren Jahren aufzubauen. Ich hatte, nachdem wir alle erwachsen waren, immer das Gefühl, meine Geschwister müssen mich erst einmal richtig kennen lernen. Sie hatten mich durch unsere Kindheit abgestempelt, in eine Schublade gesteckt und diese mit »Arschloch« beschriftet. Ich kann nicht sagen wie oft ich den Spruch hörte »Du wirst mal genauso wie der Alte werden«.

Das hat jedes Mal sehr wehgetan und war immer wie ein Stich ins Herz. Ich habe Vater mindestens genauso verachtet wie jedes andere meiner Geschwister.

Albert, das Nesthäkchen, war ein Jahr und fünf Monate nach mir gekommen. Er musste sich glücklicherweise so gut wie nie der körperlichen Gewalt unseres Vaters ausgesetzt sehen. Lediglich bei kollektiven Strafaktionen wurde auch er zum Opfer. Jedoch hatte er fast täglich unter psychischen Repressalien zu leiden.

Albert war so zart besaitet, dass er schon zu weinen begann, wenn Vater auch nur im Ansatz die Stimme erhob. Albert war aus Angst vor Vater bei Mahlzeiten nicht im Stande, allein zu essen. Er bat Mutter meist unter Tränen, ob sie ihn bitte füttern könne. Ich glaube, dass dies noch anhielt, als Albert bereits längst zur Schule ging.

Albert war ein liebenswerter Bruder, der in meinen Erinnerungen nie jemandem von uns etwas Bösartiges getan hat. Dafür genoss er auch so etwas wie Welpenschutz. In seiner frühen Kindheit hatte er einen Nabelbruch und musste zur Operation ins Krankenhaus. Damals konnte natürlich noch kein Elterteil im Krankenhaus übernachten und deshalb musste meine Mutter ihn dort nachts alleine zurück lassen. Das löste in ihm ein Trauma aus, mit dem er noch viele Jahre zu kämpfen hatte. Er fing schon an zu weinen, wenn Mutter nur kurz den Raum ver ließ.

Nachdem ich meine Ausbildung begonnen hatte, beschloss auch er, Bäcker zu werden. Er begann ein Jahr später die Ausbildung im Nachbardorf. Ich bewundere ihn für die damals gezeigte Disziplin.

Da er auch in der Lehre schon morgens um fünf Uhr zu arbeiten begann, fuhr noch kein Bus. Albert ist fast drei Jahre lang zu jeder Jahreszeit mit dem Fahrrad oder Mofa zur Arbeit und wieder nach Hause gefahren.

Albert musste kurz nach Beendigung seiner Lehre den Beruf wegen einer Mehlstauballergie aufgeben. Er hat damals eine Umschulung zur Werkschutzfachkraft absolviert und sich vor wenigen Jahren berufsbegleitend zum Werkschutzmeister weitergebildet.

Eine weitere Tatsache, die mir Bewunderung für den kleinen Bruder abringt ist die, dass er über 25 Jahre mit seiner Jugendliebe Beate zusammen und glücklich verheiratet war. Er ist am 05. Dezember 2008 nach kurzer schwerer Krankheit von uns gegangen. An seinem Sterbebett habe ich ihm versprochen, immer für seine Frau Beate und seinen schon erwachsenen Sohn Marcel da zu sein.

Erst während der späten Recherchen zu meinem Buch bin ich hinter die wahren Gründe gestoßen, warum ich Vaters Liebling und einer meiner Brüder das schwarze Schaf für ihn war. Im Jahr 1961 saß Vater einige Monate im Gefängnis. Er war seiner Unterhaltspflicht gegenüber den damals drei Kindern und Ehefrau nicht nachgekommen. Mutter wurde während dieser Abwesenheit schwanger. Auch ist mir mittlerweile der Name des leiblichen Vaters meines Bruders bekannt. Er ist ein offenes Geheimnis im Dorf. Nur wir Kinder haben davon nie etwas mitbekommen. Mein Vater konnte sich also sehr leicht ausrechnen, dass dieses Kind nicht sein leibliches Kind sei. Und das sollte zum tragischen Verlauf seiner Kindheit und Jugend führen.

Ursula

Ursula, die Älteste, wurde 1956 geboren. Mutter war gerade erst 17 Jahre alt. Meine erste Erinnerung an sie geht in den Winter des Jahres 1972 auf 1973 zurück.

Wir mussten für den Malunterricht einen Schneemann zeichnen. Da mir Malen überhaupt nicht lag, half mir Ursula abends. Als ich die Hausarbeit abgab, war der Lehrerin sofort klar, dass ich das Bild nicht gemalt haben konnte. Sie erkannte die »Handschrift« meiner großen Schwester, die auch schon bei ihr zur Schule gegangen war.

Ursula war zu der Zeit schon in einem Friseursalon in der Ausbildung. Sie hatte die Wahl ihres Ausbildungsbetriebes nicht gut getroffen. Bei der Zwischenprüfung fiel sie durch, weil sie noch keinerlei handwerkliche Fähigkeiten erlernt hatte. Ihre Arbeit im Lehrbetrieb kam eher der einer Putzfrau gleich. Ein Berufsschullehrer nahm sich des Problems an. Trotz Gesprächen mit ihrem Lehrmeister und Gesprächen ihres Freundes änderte sich an der Situation nichts. Doch als ihr Abschluss gefährdet war, übernahm der Fachlehrer Ursula in seinen Friseursalon und bildete sie aus. Sie wurde eine sehr talentierte Friseurin und hatte danach eine lukrative Anstellung im Flughafen Frankfurt.

Ihren Mann mochten wir Geschwister nicht. Er war sehr dominant und rechthaberisch. Zumal er uns immer das Gefühl gab, er sei etwas Besseres. Immerhin hatte er ein glückliches und gut situiertes Elternhaus und eine Lehre als Bankkaufmann absolviert.

Ursulas Hochzeit war das Highlight meiner Kindheit. Ich kann mich noch sehr genau an den Freitag erinnern, an dem der Polterabend stattfand. Mutter hatte uns Kinder beauftragt, mit dem Klassenlehrer zu besprechen, die letzte Schulstunde an diesem Tag ausfallen zu lassen. Da Mutter bei den Vorbereitungen des Polterabends helfen sollte, war unsere frühzeitige Anreise geplant.

Der Polterabend war im Hof ihrer Schwiegereltern. Ich hatte Angst, meinen Lehrer zu bitten, früher den Unterricht verlassen zu dürfen. Dieser Lehrer war sehr autoritär, der damals noch ohne Skrupel prügelte. Nie haben Eltern gegen diesen Herrn aufbegehrt. Was dieser Mann seinen Schutzbefohlenen antat war kriminell. Von den psychischen Schäden ganz abgesehen.

Er konnte auch seine Finger nicht von den Schülerinnen lassen. Eine seiner Spezialitäten war es, während des Unterrichts durch die Klasse zu spazieren und im Vorbeigehen den Mädchen den BH zu öffnen oder den Nacken zu graulen. Im Sport- und Schwimmunterricht mussten wir immer militärisch antreten. Seine Lieblingsbeschäftigung bestand darin, den Mädchen den Bikini oder auch Badeanzug zu richten. Was heißen soll, dass er die Höschen und Oberteile der Bikinis zurecht zupfte. Die Peinlichkeit für die Betroffenen war unaussprechlich Er hatte auch keine Scheu, die Umkleidekabine der Mädchen zu betreten.

Das gesamte Kollegium wußte davon und keiner unternahm etwas gegen diesen Mann. Ganz im Gegenteil; er war für seine Kollegen nicht nur eine Respektperson, nein, sogar so etwas ist eine »Instanz« auf unserer Schule.

Uns Jungs tat er regelmäßig Gewalt an. Nicht allen, sondern den schlechten Schülern oder denen, von deren Eltern er keinen Widerstand zu erwarten hatte. Ich kann mich noch an fürchterliche Schmerzen erinnern, die er mir immer wieder zufügte, indem er sich von hinten heranschlich, während er

Texte diktierte. Ich stütze aus Gewohnheit, den Kopf auf die linke Hand. Er griff unbemerkt von hinten meinen Unterarm, hob ihn kurz an, um dann meinen Ellbogen mit aller Wucht auf den Tisch zu stoßen. Die Schmerzen waren unvorstellbar.

Er hat gerne unaufmerksamen Schülern seinen Schlüsselbund an den Kopf geworfen. Er war ein wirklich guter Werfer und hat fast immer getroffen. Einmal ist dabei meine Brille zu Bruch gegangen. Aus Angst, noch einmal von Vater bestraft zu werden, erzählte ich zuhause nicht, was der wahre Grund für die zerbrochene Brille war. Vater hat uns immer ermahnt, dass, wenn wir von einem Lehrer Prügel beziehen würden, dann hätten wir es bestimmt auch verdient und dann gäbe es zuhause noch einmal eine ordentliche Tracht Prügel dazu.

Nicht nur ich, auch meine Brüder haben unter den Repressalien dieses Lehrers gelitten. Viel schlimmer als die Prügel war jedoch die Tatsache, dass wir zuhause keinen Rückhalt hatten und mit unserem Problem alleine fertig werden mussten.

Es gab an unserer Schule noch einen weiteren Lehrer, der ebenfalls die Prügelstrafe anwendete. Ich hatte glücklicherweise nie Unterricht bei ihm.

Die Spezialität dieses Herren war es, die Jungs an einer der Koteletten hoch zu ziehen, bis sie vor Schmerzen auf den Zehenspitzen standen. Dann gab es mit der anderen freien Hand eine schallende Ohrfeige. Noch heute, beim Schreiben dieser Sätze steigt unglaubliche Wut und Hass in mir hoch.

Da der zukünftige Schwiegersohn aus betuchtem Hause kam, wollte Vater dem wenigstens nach außen hin nicht nachstehen. Er lieh sich, weil wir kein Auto besaßen, einen

Mercedes 350 SE. Ein Wahnsinns Auto, der pure Luxus und ein Blickfang. Es sollte auch das Brautauto werden.

Er erzählte niemandem, dass es ein Leihwagen war. Alle, bis auf uns, glaubten, es sei sein Wagen und Ursula käme aus einem sehr solventen Elterhaus.

Das Auto war Gesprächsthema Nummer eins. Irgendwann, als mein Vater in vollen Zügen über das Auto geschwärmt und mit ihm angegeben hatte, erklärte ich aus reiner Naivität, dass der Wagen ja nicht meinem Vater gehöre, sondern dass der ihn nur ausgeliehen hätte und wir ihn montags wieder zurückgeben müssten. Mein Vater war bis auf die Knochen blamiert und ich hatte die Lacher auf meiner Seite.

Die Ehe, aus der zwei Kinder hervorgingen, war nur anscheinend glücklich. Noch während Ursula ihre Gaststätte betrieb, trennte sie sich wieder. Als mich die Information erreichte, war ich sehr erleichtert. Hatte ich doch schon seit langer Zeit das Gefühl, dass meine Schwester unglücklich war. Mit der Trennung gingen die Probleme erst richtig los. Ursula musste mit ihrer Schwiegermutter noch über viele Jahre hinweg kämpfen. Es ging um Entzug der Sorgepflicht und diverse Anzeigen wegen unterlassener Aufsichtspflicht.

Wenige Monate nach der Trennung ist Ursulas Mann bei einem Verkehrsunfall so schwer verletzt worden, dass er schwerstbehindert in einem Pflegeheim leben musste. Er starb dort an einer Lungenentzündung.

Die dann folgenden Beziehungen Ursulas waren auch nicht glücklich. Ursula suchte sich unbewußt immer Männer aus, die vom Charakter her Ähnlichkeiten mit unserem Vater aufwiesen.

Heute, nach langen, vertrauensvollen Gesprächen mit Ursula, kann ich ihre Entscheidungen nachvollziehen. Vater hatte sie zwischen ihrem achten und zwölften Lebensjahr regelmäßig mißbraucht. Sie hatte diese Ereignisse lange Jahre in ihr Unterbewusstsein weggesperrt. Erst während einer stationären Psychotherapie kam die Wahrheit ans Licht und konnte bearbeitet werden.

Sie hat sich während dieser Therapie von ihrem zweiten Ehemann getrennt, den sie mehr oder weniger aus einer Urlaubslaune heraus geheiratet hatte. In dieser Therapie lernte sie sich ihrem unterbewussten Ekel gegenüber Männern zu stellen. Es war eine sehr schwere Zeit für Ursula und ich kann mich an viele Gespräche erinnern, die auch immer sehr tränenreich waren. Die Momente und die Qualen des Missbrauchs waren bei jedem Geschlechtsverkehr, den sie in ihrem Leben hatte, im Unterbewusstsein anwesend.

Nach Beendigung ihrer Therapie verliebte sie sich in eine Frau und heiratete. Ich habe sehr engen Kontakt mit den beiden. Ich bin stolz darauf, dass ich zu den wenigen Vertrauten meiner Schwester gehöre, zumal meine Rolle in der Kindheit als Liebling des Vaters für Ursula unerträglich war. Ich rechne es der hohen sozialen Kompetenz meiner Schwester zu, dass sie mich darunter nie hat leiden lassen. Ganz im Gegenteil. Sie war immer für mich da, wenn ich sie brauchte.

Im Zusammenhang damit erinnere ich mich an eine Begebenheit, die mir ihre Geschwisterliebe zu mir erstmals deutlich machte. Ich war zehn Jahre alt und lag mit einer eitrigen Angina im Bett. Ursula war schon verheiratet. Als sie von meiner Erkrankung erfuhr, kam sie abends vorbei und brachte mir ein Geschenk mit. Sie war nur wegen mir zu Besuch gekommen. Das rührte mich so sehr, dass ich hemmungslos weinte, als sie mein Zimmer betrat.

Die Abreibung

Meine Schwester Ingrid wurde im Mai 1959 als drittes Kind geboren. Da unsere Mutter ganztägig arbeiten ging, waren Ingrid und Ursula sehr oft mit der Betreuung von uns kleineren Geschwistern beauftragt, was den beiden zuwider war. Wenn sie mit ihren Freundinnen etwas unternehmen wollten, hatten sie immer uns drei kleine Brüder im Schlepptau, was verständlicherweise nervig war. Weiterhin waren die Schwestern schon sehr früh in die täglich notwendige Hausarbeit eingebunden. Ich kann mich noch sehr gut an Mutters Schimpftiraden erinnern, wenn nicht ordentlich genug geputzt war oder gar das Geschirr nicht abgespült war, wenn sie abends nach Hause kam.

Ingrid war schon früh ein resolutes und selbstbewusstes Mädchen. Sie hat sich nie gescheut, Mutter oder gar Vater zu widersprechen, was für sie fast immer Züchtigungen zur Folge hatte. Sie hat sich auch nie vor körperlichen Auseinandersetzungen zum Schutz ihrer kleinen Brüder gegenüber älteren Jungs gescheut. Sie war nie unterlegen!

Einmal war ich ihr Opfer. Ich hatte ihre Lieblingsschuhe versteckt, die sie anziehen wollte. Unter keinen Umständen wollte ich das Versteck verraten. Sie warf mich auf den Rücken, setzte sich auf meinen Brustkorb und fixierte mit den Knien meine Oberarme. In dieser Position hat sie mir dann abwechseln die Frage nach dem Versteck gestellt und mich geohrfeigt. Ich blieb hart und habe immer wieder nur gesagt: »Ein Indianer kennt keinen Schmerz.« Ich bekam unzählige Ohrfeigen mit dem Ergebnis, dass mein Gesicht blutunterlaufen war und sogar Blutergüsse aufwies. Am Abend ermahnte mich Mutter, mein Gesicht zu waschen. Als ich ihr sagte was passiert war, untersuchte sie mein Gesicht und für Ingrid setzte es eine gehörige Tracht Prügel.

Im Alter von ungefähr neun Jahren nahm Vater Ingrid eines Tages mit zu einem Freund. Tom, ein zugezogener, ortsbekannter Trinker, wohnte am westlichen Ortsausgang. Ingrid konnte mir ganz genau schildern, wie es in dessen Wohnung aussah. Wo die Küche war, das Wohnzimmer, der Flur, das Treppenhaus. Tom trug immer eine schwarze Lederjacke.

Auch an diesem Tag. Er zog sie nicht mal aus. Vater ließ Ingrid kommentarlos allein mit ihm, auf diesem Sofa, im Wohnzimmer. Sie begriff gar nicht, was da geschah, es war wie in einem Traum. Ingrid konnte mir noch die Geräusche der Lederjacke beschreiben, wenn er in sie eindrang und sich in ihr hin und her bewegte. Sie sieht heute noch dieses unrasierte Gesicht, die von der Alkoholsucht getrübten und glasigen Augen. Nebenan in der Küche saß währenddessen Vater und wartete. Sie tranken danach noch eine Flasche Bier, Ingrid saß wie gelähmt auf dem Sofa und weinte lautlos in sich hinein.

Was hatten die Männerfreundschaften Vaters zur Grundlage? Waren es pädophile Vereinigungen oder waren sie sich auch emotional verbunden? Ich werde es nie genau erfahren, aber ihre Taten haben lebenslange Spuren auf Ingrids Seele hinterlassen. Sie musste über Jahre hinweg tagtäglich damit rechnen, dass Vater sie wieder zu einem Treffen mit seinen Freunden mitnehmen würde. Diese Treffen fanden tagsüber bei diesem Tom zu Hause oder in einem Gartenhäuschen in den Altrheingärten statt. Ingrid wurde von Vater zu einer bestimmten Uhrzeit zu den Treffpunkten bestellt. Diese Orte waren in wenigen Fußminuten zu erreichen. Da Mutter tagsüber arbeiten war, fiel niemandem auf wo Ingrid war. Sie ging nach diesen Treffen oft zu Freundinnen zum Spielen.

Mit bei den Herrenparties war auch immer der älteste Junge einer Familie aus Toms Nachbarschaft. Er war mit Anfang 20 schon fett, faul und alkoholkrank. Auf seinem Moped gehörte er zum täglichen Dorfbild. Bei ihm war klar, dass er sonst nie eine Frau gesehen hätte. Doch die anderen? Da war Erich Oberstock aus dem Nachbarort, ein etwas älterer Arbeitskollege von Vater aus der Raiffeisengenossenschaft. Die anderen Männer waren alle deutlich jünger als Vater. Diese Typen frühstückten schon mit einer Flasche Bier und standen den ganzen Tag unter Strom. Sie konnten sich an ihr vergehen und dann zur Tagesordnung übergehen. Hatten diese Herren keine Angst, Ingrid könnte irgendwann ihr Schweigen brechen? Was hat sie so sicher gemacht? Die Missbräuche gingen über mehrere Jahre, bis Ingrid zum ersten Mal ihre Tage bekam.

Als Teenager ging Ingrid in den Herbstferien zusammen mit einer Freundin zur Weinlese. Sie muss 15 oder 16 Jahre alt gewesen sein, als mit dem dabei verdienten Geld zum ersten Mal mit ihrer Freundin modische Kleidung kaufte. Es waren sogenannte Marlene Dietrich Hosen und Blusen, deren Arme und Beine weit geschnitten waren. Die beiden Mädels kamen an jenem Samstagnachmittag aus der Stadt und machten bei uns eine Modenschau. Sie zeigten ganz stolz jedes einzelne Kleidungsstück und waren die glücklichsten Mädchen der Welt. Unserem Vater missfielen diese „neumodischen Fummel", wie er die Kleidung nannte. Er sagte nur immer wieder: »Diese Klamotten wirst Du nicht anziehen und damit auch noch auf die Straße gehen!« Mutter hielt dagegen, das sei jetzt modern und außerdem habe Ingrid sich das Geld dafür selbst verdient und könne deshalb auch selbst entscheiden, wofür sie es ausgebe. Er meinte nur trocken: »Ihr werdet schon sehen, dass sie diese Klamotten nicht anziehen wird«.

Ingrid war Konfirmandin und wollte am nächsten Morgen mit ihrer neuen Kleidung zum Gottesdienst gehen. Vater hatte in der Nacht zuvor an allen für ihn unakzeptablen Kleidungsstücken die Hosenbeine bzw. Ärmel der Blusen abgeschnitten. Als Ingrid ihn tränenüberströmt darauf ansprach, sagte er lapidar: »Ich habe dir doch prophezeit, dass Du die Fummel nicht anziehen wirst«.

Auf Grund ihrer widerspenstigen Art gab es jede Menge Konfliktpotential zwischen Ingrid und Vater. Beispielsweise nannte er sie während der Mahlzeiten »Schleuder«. Ingrid bewegte nämlich ihr Essen sehr aufwendig im Mund hin und her. Vater drängte sich deshalb der Vergleich des Schleuderns auf. Wie später Röntgendiagnostisch nachgewiesen wurde, konnte Ingrid seit der frühen Kindheit nicht riechen und kaum schmecken. Sie muss als Kleinkind einen starken Schlag ins Gesicht bekommen haben, der ihr Nasenbein brach. Der Riechnerv und weitere Nerven der Geschmackswahrnehmung wurden zerstört. Das erklärt die Essgewohnheit. Sie versuchte einfach nur, etwas zu schmecken.

Ingrid litt erheblich unter Vaters Repressalien. Dies verstärkte sich, als sie pubertierte. Vater hätte sie am liebsten Tag und Nacht eingesperrt.

Mit 16 hatte Ingrid ihren ersten Freund. Leider unterschied er sich in seinem Charakter nicht wesentlich von unserem Alten. Er war aggressiv, prügelte sich gerne und vor allem trank er viel Alkohol. Aber in einem Punkt unterschied er sich deutlich: Er war fleißig und arbeitete überdurchschnittlich viel.

Ich lernte ihn kennen, als Ingrid an einem Samstagabend mit ihren Freunden verabredet war. Zu der Clique gehörte auch unser Bruder Ronald. Vater hatte Ingrid verboten weg zu gehen. Sie ignorierte das und machte sich zurecht. Ronald hatte das Theater mitbekommen, war schon früher zum Treffen mit der Clique gegangen, um sie mit allen gemeinsam abzuholen. An diesem Abend sollte der Alte eine Lektion erteilt bekommen.

Als die Freunde hörbar unseren Hof betraten, zog Ingrid ihre Jacke an und wollte das Haus verlassen. Vater stellte sich in die Tür und schrie sie an: „Du wirst nicht weggehen!“ Das Geschrei alarmierte ihren Freund. Er öffnete von außen die Haustür, in deren Rahmen Vater stand und fragte: »Was ist hier los?« Ingrid erzählte ihm, dass er sie nicht weggehen lassen wolle. »Wieso das denn?« Vater antwortete: »Wenn ich sage, dass die hier bleibt, dann bleibt die hier!« Reinhold drängte sich daraufhin an Vater vorbei ins Haus, nahm Ingrid an der Hand und sagte: »Das werden wir ja noch sehen! Ingrid kommt mit!«

Sie wollten an Vater vorbei gehen, da schlug er ihr ins Gesicht. Dann ging alles ganz schnell. Reinhold packte den Alten am Kragen und warf ihn in den Hof. Er ging auf ihn zu, hob ihn wieder auf, stellte ihn mit dem

Rücken an die Wand, legte seine Hand um dessen Hals und drückte einmal kurz zu. Vater war kreidebleich, die Angst war ihm auf die Stirn geschrieben. Reinhold sagte mit erregter Stimme, aber doch ganz ruhig zu ihm: »Wenn du Ingrid noch einmal anpackst, schlage ich dich windelweich!« Dann ließ er ihn los. Vater fiel zu Boden, weil er sich vor Angst nicht mehr auf den Beinen halten konnte. Ingrid und die Clique gingen wortlos vom Hof.

In diesen Minuten sank mein Respekt vor dem Alten auf Null. Mir wurde klar, er war nur eine Memme mit einer großen Klappe. Ab jetzt wartete ich nur noch darauf, dass ich alt und stark genug wäre, in einer entsprechenden Situation auch Hand an ihn zu legen.

Vater war von dieser Aktion derart beschämt, dass er sich sofort ins Schlafzimmer zurück zog. Es wurde nie mehr darüber geredet und Ingrid bekam fortan auch nie mehr Ausgehverbot.

Pascal

Ein Jahr später hatte Ingrid mit Reinhold einen schweren Verkehrsunfall. Er fuhr einen VW Käfer. Sie waren samstagabends zusammen mit einem befreundeten Paar auf einem Dorffest in der Nähe und wollten dann weiter auf das Nächste. Sie fuhren über die Bundesstrasse in Richtung Norden. Auf ungefähr halber Strecke geht rechts eine Landstraße ab. Von dieser Landstraße kam ein anderes Fahrzeug herangefahren und missachtete die Vorfahrt. Der Fahrer war unter Alkoholeinfluss eingeschlafen und rammte mit hoher Geschwindigkeit den Volkswagen. Der Aufprall war so stark, dass das Auto in den Weinberg auf der anderen Straßenseite geschleudert wurde, die Vorderachse des Fahrzeuges abriss und mehrere Meter weit entfernt lag. Zum Glück kam ein Zahnarzt am Unfallort vorbei, leistete erste Hilfe und alarmierte den Rettungsdienst und die Polizei.

Da Ingrid auf dem Beifahrersitz saß und die volle Wucht des Aufpralls abbekam, erlitt sie auch die schwersten Verletzungen. Sie hatte einen dreifachen Becken- und einen Schambeinbruch, der rechte Oberschenkel war völlig zertrümmert, das rechte Handgelenk war gebrochen und sie hatte sich ihre Zunge teilweise abgebissen. Ihr großes Glück im Unglück war, dass sie keinerlei innere Verletzungen hatte. Reinhold hatte den rechten Oberschenkel gebrochen. Der Freund auf der Rückbank hatte einen Schädelbasisbruch.

Was die Schicksalhaftigkeit dieses Ereignisses unterstreicht, ist die Tatsache, dass Ingrid und Reinhold sich eigentlich an diesem Abend bereits getrennt hatten. Sie wollten aber die Verabredung mit dem befreundeten Paar nicht absagen und den Abend noch gemeinsam verbringen.

Vater war wieder einmal zur schicksalhaften Figur für Ingrid geworden. Der Vater des Freundes der beiden hatte ein Fuhrunternehmen mit Betonmischern. Unser Vater war bei ihm als Kraftfahrer angestellt. Ingrid und Reinhold wollten mit einer Absage der Verabredung kein schlechtes Licht auf sich und unseren Vater projizieren, damit dessen Beschäftigungsverhältnis nicht gefährdet werden sollte.

Als uns die Nachricht vom Unfall erreichte, lagen wir alle schon im Bett. Meine Eltern brachen sofort Richtung Unfallort und Krankenhaus auf. Was sie am nächsten Morgen berichteten, war sehr schlimm. Sie sagten, dass die Ärzte nur wenig Hoffnung hätten, dass Ingrid überleben würde. Vater meinte nur völlig kalt: »Ich würde keinen Pfennig darauf wetten, dass die davon kommt.«

Einige Tage später hatte ein Freund meines Vaters empfohlen, meine Schwester in eine Spezialklinik verlegen zu lassen. Der Ruf des Krankenhauses war nicht der Beste. Unsere Eltern sprachen dann diesbezüglich auch bei den behandelnden Ärzten im Krankenhaus vor. Ingrid war jedoch auf Grund der vielen Knochenbrüche nicht transportfähig und musste dort bleiben. Sie wurde mehrmals operiert, bekam einen großen Nagel in den Oberschenkel eingesetzt und ihr Handgelenk wurde mit Drähten und Nägeln fixiert. Dann gab es eine schwerwiegende Komplikation im Heilungsprozess. Ingrid bekam eine Knochenmarkentzündung im Oberschenkel und es drohte eine Amputation.

Ihr Bein musste unzählige Male operiert werden und die Operationswunde wollte einfach nicht heilen. Es dauerte über ein Jahr, bis sie, immer noch im Rollstuhl sitzend, das Krankenhaus verlassen konnte. Während der langen

Zeit im Krankenhaus wurde Ingrid von Reinholds Eltern sehr liebevoll umsorgt. Sie kümmerten sich um sie, als sei sie ihre eigene Tochter. Sie hatten wenige Jahre zuvor auf Grund eines Herzfehlers eine Tochter im Alter von erst 16 Jahren verloren.

Reinhold und Ingrid scheuten sich, ihren Eltern die Wahrheit über die Trennung zu erzählen. So schlitterte Ingrid in die Ehe mit einem Mann, der sie zwar über alles liebte, für den sie aber nichts mehr empfand.

Schon während des Krankenhausaufenthaltes waren hohe Schmerzensgelder der gegnerischen Versicherung für Ingrid und Reinhold geflossen. Da Ingrid aber noch nicht volljährig war, wurden diese Gelder an unsere Eltern ausbezahlt.

Vater hatte natürlich vielerlei Verwendung für das Geld. Er hat sich komplett neu eingekleidet, natürlich nur vom Feinsten: Trachtenanzug und Ledermantel mit Pelzbesatz. Ein neues Mofa war auch fällig. Ein weiterer Teil des Geldes kam den Gastwirten unseres Heimatdorfes zu Gute. Immerhin blieb noch etwas, um in unserem Haus ein Badezimmer einzurichten. Dazu wurde der Dachboden als Schlafraum für uns Kinder ausgebaut und aus unserem bisherigen Schlafraum wurde ein Badezimmer.

Dann war es soweit. Ingrid kam wieder nach Hause. Für mich persönlich war es ein Freudentag. Für sie begann damit aber ein neuer Leidensweg. Da man im Krankenhaus keine gute Arbeit geleistet hatte, hatte Ingrid extreme Schmerzen in ihrem verletzten Bein. Die Ärzte konnten es sich nicht erklären und Vater war der Meinung, sie simuliere.

Ingrid hat oft ganze Nächte durchgeweint. Einige Wochen später kam ich nachmittags nach Hause und hörte von weitem schon das Geschrei von Ingrid und Vater.

Als ich das Haus betrat, sah ich sie in der Küche neben ihrem Rollstuhl liegen und der Alte trat auf sie ein. Er ließ von ihr ab und ich habe sie aufgehoben und in ihr Bett gebracht. An diesem Tag schwor ich mir abermals, ihn irgendwann umzubringen! Nachdem ich meine Schwester getröstet hatte, haben wir einen Plan geschmiedet.

Am nächsten Morgen zog ich Ingrid noch vor Schulbeginn an, setzte sie in den Rollstuhl und brachte sie zu den Eltern von Reinhold. Ingrid hat nie wieder unser Elternhaus betreten.

Ich hatte sehr lange danach noch Angst, mein Vater könne erfahren, wer Ingrid weggebracht hat. Er hat es aber nie erfahren. Am Abend noch kam Reinhold mit seinem Vater zu uns und hat die Kleidung von Ingrid abgeholt. Vater hat dem in keiner Weise widersprochen. Ich glaube, das hat ihm das Leben gerettet.

Ingrid lebte fortan bei Reinholds Eltern. Die kümmerten sich um ihre Schmerzen und sorgten dafür, dass sie abermals operiert wurde. Die Chirurgen hatten einen deutlich zu langen Nagel eingesetzt, der übte so viel Druck auf das Knie aus, dass er verbog. Daher kamen die schrecklichen Schmerzen.

Ingrid wurde volljährig und die gegnerische Versicherung hatte weitere hohe Schmerzensgelder an sie und Reinhold ausgezahlt. Mit diesem Geld als Startkapital kauften sich die beiden einen Bauplatz und bauten mit Hilfe von Verwandten und Freunden in Eigenleistung.

Unterdessen heirateten sie auch. Der Text der Heiratsanzeige lautete: »Für alle, die es noch nicht wissen und die es nicht fassen können, wir heiraten…«

Ausser Vater sollte natürlich die ganze Familie kommen. Der verbot jedoch Heinz, Albert, mir und Mutter zur Hochzeitsfeier zu gehen. Es war einer der traurigsten Tage unseres Lebens. Ronald und Ursula waren volljährig und deshalb auch bei der Hochzeitsfeier anwesend.

Ingrid brachte im August 1980 einen Jungen zur Welt. Er wurde Pascal getauft. Mittlerweile ging ich in die Lehre und verbrachte einen großen Teil meiner Freizeit mit Ingrid und meinem Neffen.

Leider hatte der Hausbau mehr Geld verschlungen als geplant. Die Kreditlinien waren völlig ausgereizt. Ingrids Mann arbeitete täglich mehr als 12 Stunden, Sie hatte ebenfalls einen Halbtagsjob angenommen und trotzdem waren das Geld immer knapp.

Ich war inzwischen mit Albert bei Ingrid, Reinhold und Pascal eingezogen und erlebte, wie sich die Ehe der beiden immer mehr verschlechterte. Wie gesagt, Ingrid liebte ihren Mann nicht, was im täglichen Zusammenleben zu Konflikten führte. Reinhold litt unter dieser Situation wie ein Hund. Er war mit seiner Traumfrau verheiratet, begehrte sie ohne Ende, bekam aber keine Liebe, Zuneigung und schon gar keine Zärtlichkeit zurück. Er flüchtete in die Arbeit und vor allem nach Feierabend in den Alkohol.

Im Januar 1983 ging ich als Freiwilliger zur Marine. Von da an war ich nur selten zuhause, telefonierte jedoch sehr oft mit Ingrid und war immer auf dem Laufenden. Den Sommerurlaub verbrachte ich zum Teil zu Hause. An einem Nachmittag war ich mit Ingrid und Pascal am Badesee zum schwimmen. Sie erzählte, dass sie einen anderen Mann kennen gelernt hatte und war entschlossen, sich von Reinhold zu trennen.

Reinhold wurde während des Trennungsgespräches, einige Wochen später, handgreiflich und schlug Ingrid. Daraufhin ging sie mit Pascal in ein Frauenhaus. Fortan waren mein Bruder Albert und ich bei Reinhold nicht mehr geduldet und verloren von Heute auf Morgen unser Zuhause.

Albert zog wieder zu Vater und ich lebte fortan in den unterschiedlichen Kasernen, in denen ich jeweils stationiert war. Das Gefühl, kein Zuhause zu haben, war schrecklich. Glücklicherweise hatte ich im Sommer 1983 Heila kennen gelernt. Ihre Familie nahm mich sehr herzlich auf und ich verbrachte, wenn es mein Dienst zuließ, jedes freie Wochenende bei ihnen in der Nähe von Unna am westlichen Rande des Sauerlandes.

Nachdem Ingrid einige Monate im Frauenhaus verbracht hatte, hat sie mit dem neuen Lebensgefährten eine Wohnung bei Koblenz genommen. Der hatte sich von seinem Arbeitgeber dorthin versetzen lassen, denn er war Arbeitskollege von Reinhold. Eine weitere Zusammenarbeit war auf Grund der Umstände natürlich nicht mehr möglich.

Ingrid ließ sich scheiden, wurde schwanger und heiratete. Die Schwangerschaft verlief mit vielen Komplikationen. Schließlich musste Ingrid mehrere Wochen ins Krankenhaus und bekam absolute Bettruhe verordnet.

Ich war unterdessen nach Stuttgart versetzt worden und hatte mir dort mit Heila eine Wohnung genommen. Sie hatte gerade ihre Ausbildung zur Erzieherin beendet. Jetzt hatte Ingrid, während ihres Krankenhausaufenthaltes, ein Problem mit der Betreuung ihres Pascal. Der hatte eine sehr enge Beziehung zu mir aufgebaut und kein Problem damit, im Spätsommer 1985 für mehrere Wochen zu uns zu kommen. Heila arbeitete mittlerweile in einem Kindergarten und nahm Pascal täglich als Gastkind mit.

Als Ingrid ihre Tochter Janine zur Welt gebracht hatte und die beiden aus dem Krankenhaus entlassen worden waren, ging Pascal wieder zurück nach Hause. Wir hätten ihn am liebsten bei uns behalten und adoptiert.

Der Stiefvater war bis dahin ein guter und liebevoller Ersatzpapa für Pascal. Kaum hatte er sein eigenes, leibliches Kind, entwickelte er sich zum Rabenvater. Pascal konnte ihm nichts mehr Recht machen. Er behandelte seine kleine Prinzessin genau wie eine solche und ließ Pascal tagtäglich spüren, dass er nur noch Kind zweiter Wahl war. Ich habe oft mit Ingrid und Pascal telefoniert und Pascal hat mich jedesmal gebeten, uns besuchen zu dürfen.

Pascal begann nachts wieder einzunässen und musste in kinderpsychologische Behandlung. Da Reinhold einige Jahre später seinen Job wechselte, konnte Marcus wieder an seinen alten Standort zurück nach Hessen. Später kauften sie ein Haus in Eich und zogen dorthin zurück. Aber die Ehe wurde nicht mehr glücklich. Irgendwann Ende der neunziger Jahre trennten sich die beiden. Pascal blieb bei Ingrid und Janine bei ihrem Vater.

Pascal wurde später Zimmermann und Dachdecker und blieb als Geselle in seinem Lehrbetrieb beschäftigt, bis er bei einem Arbeitsunfall aus sieben Meter Höhe von einem Dach fiel. Er hatte schwere Kopfverletzungen und verlor sein Gedächtnis. Eine völlige Amnesie. Pascal konnte bisher nicht wieder ins Arbeitsleben integriert werden.

Durch den Unfall hatte sein Kurzzeitgedächtnis großen Schaden genommen, zudem löste er eine Epilepsie aus. Die kam medikamentös zwar unter Kontrolle, aber eine Rückkehr in seinen Beruf ist trotz Reha-Maßnahmen ausgeschlossen.

Ingrid bekam immer wieder schwierige psychische Phasen und begab sich mehrfach in ambulante und stationäre psychiatrische Behandlung. Aber zum wirklichen Kern des Übels ist sie erst vor wenigen Jahren vorgedrungen.

Es war ihr immer schlechter gegangen und sie ging auf die Suche nach einer geeigneten psychotherapeutischen Klinik. Jetzt erfuhr ich in sehr langen, vertrauensvollen Gesprächen, was der Grund für ihre psychische Erkrankung war.

Es war die Tatsache, dass Vater sie seinen Saufkumpanen und Freunden zugeführt hatte. Sie hat mir alle Namen dieser Verbrecher genannt. Nur einer lebt noch.

Ich bemühte mich intensiv um eine für solche Traumata spezialisierte Klinik, führte unzählige Telefongespräche mit Ärzten, der in Frage kommenden Kliniken. Schließlich konnte ich mit ihr zu einem Aufnahmegespräch in Hamburg fahren.

Zu meiner Verwunderung bat mich Ingrid, bei dem Gespräch mit der Therapeutin anwesend zu sein. Damit hatte ich nicht gerechnet und war anfänglich auch überfordert. Im Nachhinein spürte ich als stiller Zuhörer, dass meine Schwester über die wirklich wichtigen Vorfälle in ihrem Leben nie hatte reden können, hatte sich auch keinem ihrer Therapeuten bis dahin offenbart. Ich hatte große Angst, dass, wenn diese Therapie auch scheiterte, Ingrid sich das Leben nehmen würde.

Ich bat Ingrid alles zu erzählen, worauf sie in Tränen ausbrach und hemmungslos weinte. Sie war einem Zusammenbruch nahe und beteuerte, dass sie es nicht könne. Ich fragte, ob ich reden und berichten solle und erzählte dann ebenfalls unter Tränen von den sexuellen Missbräuchen. Die Ärztin war von dieser Lebensgeschichte sehr betroffen. Sie hatte in ihrer ganzen beruflichen Laufbahn noch nie von einem so dramatischen Fall gehört. Vor allem deshalb, weil Ingrid trotz des Geschehenen bis zu ihrem 47. Lebensjahr mehr oder weniger gut »funktioniert« hätte.

Nach einer Stunde war das Gespräch beendet und die Ärztin erklärte uns die Therapieansätze ihrer Klinik. Ingrid verbrachte dann sechs Wochen dort. Wir hatten in dieser Zeit aus therapeutischen Gründen wenig Kontakt.

Danach folgten sechs Wochen zu Hause, um die Heilerfolge zu festigen. Weitere Therapieintervalle sollten folgen.

Spielmannszug

Als gutem Schüler war mir völlig klar, dass ich nach der vierten Klasse mit meinen Freunden zusammen auf die Realschule gehen würde. Doch meine Eltern hatten gar kein Interesse daran, dass ich weiterführende Schulen besuchte. Das wäre schließlich mit zusätzlichen Kosten für Lehrmittel und Busfahrkarten verbunden gewesen. Außerdem wurde das Argument angeführt, dass keines meiner anderen Geschwister auf eine weiterführende Schule gegangen sei und deshalb käme das für mich auch nicht in Frage.

Für mich brach eine Welt zusammen. Ich war teilweise ein besserer Schüler als die Klassenkameraden, die aufs Gymnasium gehen durften und ich musste mich für meine Leistungen nicht einmal anstrengen. Ich tat nie mehr als notwendig, um einfach nur gut zu sein, und dann das. Selbst gutes Zureden meiner Lehrer änderte an der Haltung meiner Eltern nichts. Die Entscheidung war getroffen und ich hatte mich zu fügen.

Von da an war die Schule nur noch ein notwendiges Übel. Mir war nur noch die Volljährigkeit wichtig. Dann wollte ich Gas geben, lernen, alles nachholen und meinen natürlichen Wissenshunger stillen. Wozu sollte ich mich auf der Hauptschule noch anstrengen? Mit Hauptschulabschluss war der berufliche Weg sowieso schon eingeschränkt und vorgegeben. Klar gab es den Kindheitstraum vom Bäckerberuf. Es gab aber auch Träume davon, als Kapitän zur See zu fahren, Lehrer, Kinderarzt oder Pfarrer zu werden. Hauptschulabschluss… eine Katastrophe!

Ich tat nun wirklich nicht mehr, als noch unbedingt nötig war und oft nicht einmal das. Am Ende war sogar meine Versetzung gefährdet.

Ich entwickelte meinen eigenen Humor und Zynismus, der mich schnell zum Klassenkasper werden lies. Ich war für jeden Blödsinn und Streich zu haben. So verschaffte ich mir Anerkennung, die ich mit meinen schulischen Leistungen nicht bekommen konnte. Aber ich war nie gewalttätig gegen andere Mitschüler. In der achten Klasse habe ich mich sogar als »Revolutionär« hervorgetan.

Zum Werk- und Hauswirtschaftsunterricht wurden die Klassen in Mädchen und Jungen geteilt. Da ich mit handwerklichen Tätigkeiten auf Kriegsfuß stand und das Kochen schon früh zu meiner ausgeprägten Leidenschaft gehörte, wollte ich am Hauswirtschaftsunterricht teilnehmen. Der Wunsch wurde mir vom Lehrerkollegium glatt versagt. Dann lamentierte ich so lange bei Mutter, bis sie mit dem Schulleiter sprach. Der war mit ihr zur Schule gegangen und mit ihr zusammen konfirmiert worden.

Es gab im Unterrichtsraum vier voll eingerichtete Küchenblöcke, in denen jeweils vier bis fünf Schülerinnen arbeiteten und unterrichtet wurden. Eine gemischte Mädchen- und Jungengruppe hielt er für nicht machbar. Er beschloss deshalb, dass ich am Hauswirtschaftsunterricht teilnehmen dürfte, wenn ich es schaffen würde, weitere drei Jungs zu finden, die mit mir teilnehmen würden.

Der Rektor hatte sich in meinem Durchsetzungswillen getäuscht. Ich sprach mit allen Jungs aus der Klasse und schon nach wenigen Tagen hatte ich drei zusammen. Das Gesicht des Rektors, als wir vier vor ihm standen und ihm sagten, dass wir die Gruppe seien, die zukünftig zum Hauswirtschaftsunterricht gehen würde, sprach Bände. Wir hatten damit einen Prozess in Gang gebracht, der sich in beide Richtungen entwickelte.

Natürlich gab es Mädchen, die auch in den Werkunterricht gehen wollten. Nach regen Diskussionen unter den Lehrern wurde die Vereinbarung getroffen, dass wir ein halbes Schuljahr getestet werden. Sollten unsere Leistungen dann nicht stimmen, hätten wir wieder in den Werkunterricht wechseln müssen.

Wir wurden ein wahres Dreamteam und nach einem halben Jahr gab es keinerlei Diskussion mehr über unseren Verbleib im Hauswirtschaftsunterricht. Ganz im Gegenteil. Nach Ende des Schuljahres durften auch Mädchen in den Werkunterricht wechseln. Sie mussten jedoch ein Jahr am Hauswirtschaftsunterricht teilnehmen, um wenigstens die Grundlagen für ihr weiteres Leben zu lernen.

Von jetzt an war ich immer mehr motiviert, meiner Mutter und meinen Schwestern im Haushalt, vor allem beim Kochen, zu helfen. Ich kochte oft, wenn ich früher Schulschluss hatte als meine Schwestern, für uns alle. So lernte ich zu organisieren und zu koordinieren. Schließlich müssen ja alle Komponenten einer Mahlzeit gleichzeitig fertig sein und das war für mich Dreizehnjährigen eine schöne Leistung, die mir die Anerkennung meiner Geschwister einbrachte. Ich war stolz wie Oskar.

Mangels Motivation war meine Schulzeit jedoch kein Honigschlecken. Ich zog oft den Unmut der Lehrer auf mich und es gab auch mehr oder weniger regelmäßige Prügel. Ich hatte aber immer Freunde, obwohl die oft Probleme mit ihren Eltern wegen des Umganges mit mir hatten.

Der schlechte Ruf meines Elternhauses eilte mir immer voraus. Oft konnte ich im persönlichen Umgang mit diesen Erwachsenen deren Meinung ändern und zu einem gern gesehenen Besucher werden. Bei anderen wiederum gelang mir das nie und ich spürte immer deren Ablehnung, was mir sehr weh tat.

Zum Spielen traf ich mich entweder auf neutralem Boden, auf dem Fußball- oder Spielplatz oder ich ging zu den Freunden nach Hause. Kaum einer wollte mit zu uns kommen. Wir hatten kein Kinderzimmer und außerdem hatten die meisten Kinder Angst vor Vater. Auch verboten die Eltern, sich bei uns zuhause aufzuhalten.

Wenn ich zu einem Freund ging, an der Haustür stand und klingelte, ja schon auf dem Weg dort hin, ging mir die Frage durch den Kopf, ob seine Mutter mir erlauben würde mit ihm zu spielen. Es war immer ein emotionales Lotteriespiel.

Oft war die Enttäuschung groß, weil ich mit fadenscheinigen Begründungen an der Haustür abgewiesen wurde. Es war so ungerecht und hat mich immer tief getroffen. Ich konnte doch nichts dafür. Ich war doch ein völlig normales Kind. Die anderen Kinder haben sogar sehr gerne mit mir gespielt. Es waren die Erwachsenen, die mit meinem Vater, seinem Lebenswandel, seinem Alkoholismus und dem schlechten Ruf ein Problem hatten. Ich kam mir oft so hilflos, klein, minderwertig und erbärmlich vor.

Bei meinem Freund Andreas, dessen großer Bruder später der erste Ehemann meiner Schwester Ingrid wurde, war ich jedoch immer gerne gesehen. Andreas' Mutter war herzlich und immer sehr lieb zu mir. Sie arbeitete mit Mutter in der Senf- und Essigfabrik im Dorf.

Andreas hatte eine ältere Schwester, Brigitte. Sie hatte einen angeborenen Herzfehler und war für ihr Alter recht klein und zierlich. Brigitte war ein liebenswertes Kind. Sie spielte oft mit Andreas und mir.

Eines Tages kam Andreas auf dem Schulhof zu mir und sagte mir aufgeregt, er hätte den geheimen Stift seiner Schwester gefunden. Ich verstand nicht. Er erklärte mir, dass Brigitte ihre Geheimnisse immer auf einen Zettel schrieb den in einen Filzstift steckte und ihn dann weg warf. Ich verstand immer noch nicht.

Er öffnete den Filzstift, entnahm ihm einen Zettel, entfaltete ihn und las vor. »… ich habe ein Geheimnis und vertraue dieses Geheimnis diesem Zettel an. Ich bin in Manfred verliebt, kann es ihm aber nicht sagen, weil ich Angst habe, dass er mich nicht mag…«

Andreas fragte: »… und, willst Du?« Ich verstand wieder nicht. Er fragt noch mal »willst Du mit ihr gehen!?« Jetzt hatte ich kapiert. Es war das erste Mal in meinem Leben, dass ich bewusst erfuhr, dass mich jemand mag, dass es einen Menschen gab, der mir zu verstehen gab, dass ich liebenswert bin. Alleine deshalb schon sagte ich ja!

Nun ging ich also mit Brigitte. Andreas lief sofort zu ihr und überbrachte ihr die gute Nachricht. Sie stand mit einer Freundin auf dem Schulhof und wartete auf meine Antwort. Ich konnte sie beobachten und sah ein glückliches Lächeln in ihrem Gesicht! Von nun an verbrachte ich fast jeden Tag mit Andreas und Brigitte. Da sie drei Jahre älter als ich war, erwartete sie von unserer Freundschaft mehr als ich. In Bezug auf körperliche Nähe, auf Küssen, was aber noch gar nicht mein Ding war.

Unser Dorf liegt wenige Kilometer vom Rhein. Der Rhein wurde in Napoleons Zeiten begradigt und dadurch entstand eine romantische Auenlandschaft, der Altrhein. Im Herbst streunten wir drei durch diese Wildnis. Wir entdeckten einen Hochsitz der Jäger, stiegen hinauf und fanden einen kleinen Sack mit Futtermais. Den ließen wir um den Hochsitz herum auf die Erde rieseln.

Das macht solange Spaß, bis es im Unterholz raschelte. Eine Rotte Wildschweine näherte sich. Durch den Geruch des Maises angezogen, kamen sie zum Fressen an den Hochsitz. Die Angst saß mir in den Knochen. Irgendwie ließen sich die Schweine von unserer Anwesenheit nicht beeindrucken. Wildschweine hatten am Futterplatz von Jägern nichts zu befürchten, deshalb stellten wir keine Gefahr für sie dar.

Unser Problem war nur, dass es langsam dunkel wurde und die Eltern uns bestimmt schon vermissten. Andreas war der erste, der sich ein Herz fasste und langsam aber mutig die Leiter des Hochsitzes hinab stieg. Als er fast unten war entschlossen sich die Wildschweine zur plötzlichen Flucht. Wir waren befreit und gingen nach Hause. Im Normalfall wären wir gelaufen aber für Brigitte war das zu anstrengend. Ihre Lebenserwartung war nicht hoch. Die Ärzte hatten ihre Eltern gewarnt, dass sie spätestens mit dem Erwachsenwerden sterben werde, weil ihr Herz die notwendige Leistung nicht erbringen könne.

Es war an einem verregneten Tag im Spätherbst. Brigitte war es schon seit der vergangenen Nacht nicht gut gegangen. Andreas hatte mir in der Schule davon berichtet. Er hoffte, dass sie keinen Herzanfall bekommen würde, weil der nächste dieser Art ihren Tod bedeutete. Sie starb nachmittags auf dem Weg ins Krankenhaus.

Es war meine erste Konfrontation mit dem Tod eines mir nahe stehenden Menschen. Ich war nicht in der Lage, an der Beerdigung von Brigitte teilzunehmen. Mutter versuchte, mich zu überreden, aber ich habe es nicht geschafft.

Ich hatte Angst davor, am Grab meiner Freundin Gefühle zu zeigen, in aller Öffentlichkeit weinen zu müssen.

Der Altrhein war für uns ein Abenteuerspielplatz ohne Gleichen. Dort wuchs auf mehreren Quadratkilometern ein Dickicht aus Schilf. Ein Landwirt unseres Dorfes schnitt trockenes Schilfrohr, band es zu großen Ballen und verkaufte es. Daraus wurden Rohrmatten für Gärtnereien und die Bauindustrie hergestellt.

Eines Tages spielte ich mit meinem Freund Frank im Altrhein. Wir kamen an einer abgeernteten Fläche vorbei, auf der haushohe Berge dieser Schilfrohrballen bereit zum Abtransport lagerten. Frank, der übrigens immer für einen Streich zu haben war, wollte wissen, ob das Zeug brennt. Er zog Streichhölzer aus der Hosentasche und zündete am unteren Ende einer der haushohen Haufen den Wipfel eines Schilfrohres an. In wenigen Sekunden stand der ganze Haufen lichterloh in Flammen.

Wir flüchteten nach Hause. In den darauf folgenden Stunden entwickelte sich ein gewaltiger Flächenbrand und ein Großteil der männlichen Bevölkerung unseres Dorfes war die ganze Nacht damit beschäftigt, dieses Inferno unter Kontrolle zu bekommen. Da in unserem Dorf nichts besser funktionierte als die »Buschtrommeln«, erschien am nächsten Tag die Kriminalpolizei in der Schule und ich wurde aus dem Unterricht zum Verhör ins Lehrerzimmer gerufen. Dort befragten mich zwei Kriminalbeamte über den vorherigen Tag.

Sie wussten aber bereits vom Besitzer dieses Schilfrohres, wer die Übeltäter gewesen sein mussten. Er hatte uns nämlich wenige Stunden vor der Tat dort gesehen. Nachdem ich einige Lügenmärchen über meinen Tagesablauf erzählt hatte, konnte ich aber dem Befragungsdruck der Kriminalbeamten nicht mehr standhalten und beichtete.

Sie fuhren dann mit mir zu Frank und verhörten ihn im Beisein seiner Mutter und mir ebenfalls. Er leugnete anfänglich sehr tapfer. Zwischendurch bekam er von seiner Mutter immer wieder eine Ohrfeige, um seiner Erinnerung auf die Sprünge zu helfen. Dies wurde den Kriminalbeamten irgendwann zu viel und sie drohten, ihn mit auf die Wache zu nehmen. Er beichtete dann auch.

Die Polizisten brachten mich nach Hause und erzählten meiner Mutter, die gerade kochend am Herd stand, was geschehen war. Sie erklärten auch, dass ich strafrechtlich nichts zu befürchten hätte, weil ich noch nicht mündig war. Jedoch würde wohl auf unsere Haftpflichtversicherung eine größere Schadensersatzforderung zukommen. Mutter blieb ganz ruhig und meinte nur zu mir: »Mache Dich auf etwas gefasst, wenn Dein Vater davon erfährt«.

Die Stunden bis Vater abends nach Hause kam, waren die Hölle. Ich durchlebte unvorstellbare Ängste. Dann betrat er unseren Wohnraum. Wir saßen alle wie Hühner auf einer Stange auf der Eckbank und erwarteten das Gewitter. Seine Reaktion? Er sagte ganz ruhig: »Wofür haben wir denn eine Versicherung? Sollen die doch auch mal zahlen«. Damit war das Thema beendet und es wurde nie wieder darüber geredet.

Mit 13 Jahren durfte ich endlich dem Spielmanns- und Fanfarenzug der freiwilligen Feuerwehr beitreten und das Spielen der Trommel erlernen. Mutter war dagegen, aber Vater hat es unterstützt, zumal er früher selbst in einer solchen Gemeinschaft mitgespielt hatte. Ich habe die musikalische Veranlagung von Vater geerbt. Von da an ging ich jeden Montagabend in die Übungsstunde und lernte jeden Tag die mir aufgetragenen Übungen.

Ralf, der auch mit zum Hauswirtschaftsunterricht ging, begann mit mir das Trommeln zu lernen und wir teilten uns anfänglich ein Instrument und übten täglich zusammen. Nach einigen Wochen entschied sich Ralf für die Querflöte und lernte diese fortan. Ralf war ein prima Freund, hatte aber auch unter einem strengen Elternhaus zu leiden. Nicht nur wegen der Freundschaft zu mir.

Jedes Jahr, von Karneval bis in den Spätsommer, waren wir sonntags mit dem Spielmanns- und Fanfarenzug unterwegs zu Umzügen, Feuerwehrfesten oder Platzkonzerten. Ich hatte großen Spaß dabei und genoss es, durch die Beherrschung meines Instrumentes Anerkennung und Respekt in unserer Truppe erlangt zu haben.

Einmal waren wir auf einem Tag der offenen Tür bei der Freiwilligen Feuerwehr unserer Kreisstadt. Die hatten damals bereits eine Jugendfeuerwehr. Für mich war völlig klar, dass auch in unserem Dorf eine Jugendfeuerwehr gegründet werden müsse. Ich hatte meinen Mitstreiter Ralf ohne große Überredungskunst ins Boot genommen. Die Söhne des stellvertretenden Feuerwehrkommandanten, ebenfalls Mitglieder des Spielmanns- und Fanfarenzuges, waren auch schnell begeistert. Wir vier trugen dann den Plan unserem Feuerwehrkommandanten vor und er war bereit, uns zu unterstützen. Wenige Wochen später traten wir zu unserer ersten Übung an. Jeder hatte Freunde angesprochen und ohne Probleme hatten wir eine ausreichende Anzahl Jungs zusammen, um eine Jugendfeuerwehrlöschgruppe zu bilden.

Blaue Overalls und orangerote Helme wurden für uns gekauft, Rettungsgürtel und Feuerwehraxt liehen wir uns von den erwachsenen Feuerwehrmännern aus und trafen uns jeden Donnerstagabend zur Übung bzw. zum theoretischen Unterricht. Damit gehörten drei Abende der Feuerwehr. Montags war Übungsstunde des Spielmannszuges, Dienstag die des Fanfarenzuges und donnerstags Jugendfeuerwehr.

Irgendwann in dieser Zeit hatte ich mich auch für Judo begeistert und konnte Mutter überreden, dem Verein im Nachbarort beitreten zu dürfen. Andere Eicher Kinder waren bereits in dem Verein und somit war für mich sicher, dass ich immer hin auch wieder nach Hause kam. Die Eltern dieser Kinder hatten eine Fahrgemeinschaft gebildet, der ich mich anschließen konnte.

Das Judotraining war mittwochs. Nach einem anderthalben Jahr brach ich mir im Training mit meinem eigenen Knie die Nase und hatte fortan Angst beim Training. So gab ich es auf.

Am Sportplatz war eine Tennisanlage errichtet worden. Zur Eröffnungsfeier gab es auch ein Turnier für Kinder und Jugendliche. Der Preis für die ersten drei Gewinner war ein Jahr kostenlose Mitgliedschaft und Training im Tennisverein. Ich wurde bei diesem Turnier dritter meiner Altersgruppe und spielte fortan Tennis mit den Kindern der »Neureichen«. Was für ein Bild. Ich, aus einer asozialen Familie, brach plötzlich in die hochnäsige Schicht der besseren Leute ein. Mein Gott, was musste ich mir da abgefahrene Sprüche und Beleidigungen anhören. Und was waren da nicht alles für wichtige Leute immer auf dem Tennisplatz. Alles, was im Dorf Rang und Namen hatte. Jeder kannte jeden. Ich kam mir damals wie ein verletztes Rehkitz unter Wölfen vor. Ich hatte viel Spaß am

Sport, und zum Ende der ersten Sommersaison auch den zweiten Platz der Vereinsmeisterschaft belegt. Aber ich durfte nicht zur Weihnachtsfeier und zur dort stattfindenden Siegerehrung gehen, weil meine Eltern das Geld dafür nicht hatten. Ich wäre so gerne hin gegangen. Alleine schon um den ganzen Neureichen und hochnäsigen Herrschaften dort zu zeigen, dass zu Talent und Leistungsbereitschaft kein Geld gehört, sondern einfach nur der Wille und das zählt, was in einem Menschen drin steckt.

Ich hatte während der Spiele zur Vereinsmeisterschaft alle Jungs, die teilweise damals schon mehrere teure Tennisschläger besaßen, regelrecht vom Platz gefegt. Mein Holzschläger war das billigste Modell und damals schon außer Mode. Wer etwas auf sich hielt hatte einen Tennisschläger aus Leichtmetall. Die Hallensaison brach meiner Tennisleidenschaft das Genick. Die Miete fürs Training musste bezahlt werden. Auch dieses Geld hatten meine Eltern nicht und damit hatte sich Tennis erledigt.

Mit 14 Jahren musste ich einmal in der Woche zum Konfirmandenunterricht gehen, der im evangelischen Gemeindehaus stattfand. Die Konfirmandenzeit erstreckte sich über zwei Jahre, in denen uns das Christentum und alle damit zusammenhängenden Themen näher gebracht werden sollten. Das erste Jahr wurde noch von unserem alten Dorfpfarrer betreut. Ein strenger, aber geachteter Pfarrer, auf dessen Meinung man Wert legte und die er auch in seinen Predigten zu verbreiten wusste. Er hatte Mutter getauft und konfirmiert und uns Kinder ebenfalls getauft und teilweise auch schon konfirmiert.

Ihm folgte ein neuer Pfarrer, mit dem ich mich von Anfang an nicht verstand. Er war mir irgendwie suspekt und nicht authentisch. Mittlerweile ist er im unfreiwilligen Ruhestand.

Seine Ehefrau war mit ihm bereits in zweiter Ehe verheiratet. Sie hatte vier Töchter aus erster Ehe mitgebracht. Die Zweitälteste, war ein Jahr jünger als ich und ging mit mir zum Konfirmandenunterricht. Sie besuchte ein Gymnasium, wie ihre drei Schwestern auch. Eine war zwei oder drei Jahre älter und die Zwillinge zwei Jahre jünger als ich. Ich fand Susanne von Anfang an sehr nett und habe auch gespürt, dass sie sich mit ihrem Stiefvater überhaupt nicht verstand. Die beiden gingen im Konfirmandenunterricht sehr unterkühlt und förmlich miteinander um.

Zufällig besuchte Susanne den gleichen Tanzkurs wie ich. Dort lernten wir uns näher kennen. Dem Herrn Pfarrer war dies gar nicht Recht. Schließlich war ich ja nicht standesgemäß.

Susanne und ich verbrachten immer öfter auch unsere Freizeit zusammen und ich besuchte sie öfters zuhause, was dem Pfarrer sichtlich unangenehm war. Kurz vor der Konfirmation gingen wir für einige Tage auf eine Freizeit. Wir verliebten uns und gingen miteinander.

Der Widerstand des Gottesmannes gegen unser Bündnis gipfelte darin, dass er mich aus dem Konfirmandenunterricht ausschloss und sich weigerte, mich zu konfirmieren. Anlass dazu hatte ich ihm mit einer Frage gegeben, die ich im Konfirmandenunterricht stellte und zu der mich mein Vater animiert hatte. »Adam und Eva hatten zwei Söhne; Kain und Abel. Eines Tages erschlug Kain seinen Bruder Abel und wurde von Adam aus dem Paradies verbannt. Außerhalb des Paradieses nahm Kain sich eine Frau. Woher kam diese Frau, wenn Adam und Eva die ersten Menschen waren?«

Er war nicht in der Lage, mir diese Frage zufrieden stellend zu beantworten und hat dann meine Zweifel an der Glaubwürdigkeit der Bibel zum Anlass genommen, mich aus der Gemeinschaft der Konfirmanden auszuschließen. Vater war das nur recht. Er hatte mit Kirche eh nichts am Hut. Für Mutter war es unvorstellbar, dass eines ihrer Kinder nicht konfirmiert werden sollte.

Sie ließ sich einen Termin beim Pfarrer geben und nahm mich mit zu diesem Gespräch. Zwischen meinen Eltern gab es natürlich ein Riesentheater, weil ja schließlich mein Vater schuld an der Misere war. Beim Gespräch zwischen Mutter und Pfarrer ging es dann gar nicht um meine Bibeltreue. Herrn Pfarrers Problem war mein Umgang mit seiner Stieftochter und er nahm meine Mutter in die Pflicht, dies zukünftig zu unterbinden.

Meine Mutter stimmte der Forderung des Pfarrers zu und der erklärte sich bereit, mich doch zu konfirmieren. Der Briefumschlag mit den 100,- D-Mark, der damals außerdem noch den Besitzer wechselte, ist unter den gegebenen Umständen fast nicht mehr der Rede wert. Obwohl 100 D-Mark für Mutter damals verdammt viel Geld waren. Mutter bat mich nach dem Gespräch eindringlich den Kontakt zu Susanne wenigstens bis zur Konfirmation ruhen zu lassen oder mich heimlich mit ihr zu treffen, was wir dann auch getan haben.

Da Susanne ebenso sauer über ihren Stiefvater wie ich war, haben wir ihn dann auch richtig geärgert. Zur Konfirmation marschieren die Konfirmanden paarweise, mit dem Pfarrer vorweg, in die Kirche. Natürlich waren Susanne und ich als Paar gesetzt! Er hat zwar noch versucht andere Paarungen zusammen zu stellen, was ihm aber auf

Grund der Solidarität der anderen Konfirmanden nicht mehr gelang.

Nach der Konfirmation glaubten wir, dass unsere Beziehung akzeptiert wurde. Susannes Vater wartete jedoch nur auf den richtigen Moment.

Die Sommerferien waren die Hölle, weil wir uns fast sechs Wochen nicht sehen konnten. Den ersten Teil verbrachte Susanne bei ihrem leiblichen Vater in der Nähe von Marburg und den zweiten Teil verreiste sie mit ihrer Mutter, ihren Schwestern und dem Stiefvater. Der besaß eine Segelyacht, die im Hafen eines am Rhein gelegenen Sees lag. Mit dieser Yacht schipperten alle zusammen den Rhein runter bis Holland, um dort dann über die Nordsee ins Ijsselmeer zu gelangen. Es war eine sehr luxuriöse Yacht und für einen Pfarrer schon etwas Besonderes. Aber er war eben auch besonders…

Wir wollten nach den Ferien einen weiteren Tanzkurs miteinander belegen. Genau da kam uns der Pfarrer in die Quere. Susanne konnte den Tanzkurs nicht aus eigener Tasche bezahlen und war auf ihren Stiefvater angewiesen. Der erlaubte ihr die Teilnahme unter der Bedingung, dass sie den Kontakt zu mir abbrechen würde.

Am Abend, als Susanne die Entscheidung ihres Stiefvaters verkündete, saßen wir eng umschlungen auf der Eingangstreppe eines alten, unbewohnten Hauses und ich dachte ich müsse vor Liebeskummer sterben.

Wir hatten soviel Spaß daran, miteinander zu tanzen. Wir haben in unserer Freizeit in ihrem Zimmer oft einfach nur Musik aufgelegt und dazu getanzt. Unser Hit war »Oh Mandy« von Barry Manilow. Bei diesem Lied hatten wir uns auf einer Party zum ersten Mal geküsst. Wir waren zum Tanzen wie füreinander geschaffen und haben auf dem einen oder anderen Dorffest ein tolles Paar abgegeben und hatten viele Bewunderer. Und das sollte jetzt alles vorbei sein? Ich wollte und konnte es einfach nicht verstehen. Es tat so unglaublich weh!

Nach den Ferien begann ich die Bäckerlehre und Susanne ging weiter zur Schule. Ich hatte mich meinem Lehrmeister Ede anvertraut. Der verstand mich sehr gut und gab mir das Gefühl, mit meinem Problem nicht allein zu sein. Er riet mir, Susanne loszulassen und sie durch mein Ego nicht zu behindern.

Mir ist klar geworden, dass, wenn ich sie weiterhin sehen wollte, ich ihr viele Möglichkeiten nehmen würde.

So ging meine erste Liebe zu Ende. Ich habe Susanne nur noch gelegentlich und zufällig getroffen, aber wir haben nie wieder wirklich miteinander geredet. Sie machte zwei Jahre später Abitur und ging zurück zu ihrem leiblichen Vater, um Innenarchitektur zu studieren. Ich habe sie nie wieder gesehen oder etwas von ihr gehört.

Eine Tatsache erwähne ich noch, die bisher nur sehr wenige Menschen über Herrn Pfarrer wussten. Er züchtete in einem ehemaligen Stallgebäude, welches zum Pfarrhaus gehört, Chinchillas und verkaufte deren Felle. Eine Yacht musste ja schließlich irgendwie finanziert werden.

Es gäbe noch viele Ungereimtheiten über den Pfarrer zu erzählen. Die Kirche hielt jedoch ihre vezeihende Hand über ihn. Jedenfalls hat er mit seinem Verhalten mein Vertrauen zur Kirche bis ins Mark erschüttert.

Der Pfarrer war jedoch nicht mein einziges Problem. Ich hatte zuhause auch noch einen Tyrannen, der der ganzen Familie das Leben zur Hölle machte.

Eine ganz besondere Schweinerei war folgende: Da die Haushaltskasse unserer Mutter immer leer war, gab es meist nur das Notwendigste zu essen und zu trinken. Samstags jedoch wurde eine Kiste Limonade vom Getränkehändler ins Haus geliefert. Davon reservierte sich Vater die Hälfte. Sechs Flaschen stellte er am Kopfende hinter sein Bett. Die restlichen sechs Flaschen waren für Mutter und uns Kinder. Wie lange wir damit ausgekommen sind, kann sich jeder denken. Meist war schon am selben Abend die Kiste leer.

Heimlich traute sich der eine oder andere von Vaters Limonade zu trinken. Das blieb ihm nicht lange verborgen. Anfänglich machte er sich zur Kontrolle mit einem Stift Markierungen an die angebrochenen Flaschen, was wir wiederum bemerkten.

Dann aber markierte er die Flaschen nicht mehr. Wir glaubten, schluckweise davon trinken zu können. Bis Mutter eine Beobachtung machte. Er füllte die fast leeren Flaschen auf, indem er hinein pinkelte. Ich hätte mich fast übergeben bei der Vorstellung, dass einer von uns tatsächlich seinen Urin getrunken hatte.

Bäckerlehre

Mein Wunsch Bäcker zu werden, entstand bereits mit ungefähr 10 Jahren. Der Traum vom Grundschullehrer war mit meinem Verbleib auf der Hauptschule gestorben.

Mutter schickte mich in eine unserer Dorfbäckereien, um Brot zu kaufen. Das Brot war noch im Backofen und die Bäckersfrau bot mir an, in die Backstube zu gehen um dort ihrem Mann bei der Arbeit zuzusehen. Ich kann mich heute noch sehr genau an den Moment erinnern. Die Wärme der Backstube und vor allem die tollen Gerüche von Frischgebackenem überwältigten mich. Der Mann stand unmittelbar daneben, als das Brot aus dem Ofen kam. Der schöne Geruch intensivierte sich noch und die Kunst, mit der er das heiße Brot mit Wasser bestrich, faszinierte mich. In diesem Moment wollte ich Bäcker werden! Dieser Wunsch hatte Bestand und an ihm habe ich dann auch nie wieder gezweifelt.

Im Spielmanns- und Fanfarenzug der freiwilligen Feuerwehr spielte auch Ede Weber mit. Er hat eine Bäckerei in unserem Dorf. Als ich im 9. Schuljahr war, stand ein zweiwöchiges Berufspraktikum an und ich fragte Herrn Weber, ob ich dieses Praktikum bei ihm machen könne. Er willigte ein und so arbeitete ich im Frühjahr 1979 bei ihm. Zum Ende der Arbeitszeit bot er mir an, bei ihm eine Lehre als Bäcker zu beginnen.

Es war ein Traum und ein Wunder zugleich! Zum ersten Mal in meinem Leben hatte ich auf Grund meiner Herkunft keine Ablehnung und Nachteile erlitten. Man hatte mir sogar ein Angebot gemacht, mir eine Chance gegeben, mich nicht nur geduldet, sondern aufrichtig zu mir gestanden.

Im Sommer begann meine Lehre. Herr Weber, ich durfte ihn mittlerweile Ede nennen, wurde mein Vorbild, mein Mentor und eine Art Vaterfigur. Er und seine Familie ließen mich nie spüren, aus welchem Elternhaus ich komme. Ich wurde von Anfang an nur nach meinen inneren Werten beurteilt und hatte sehr schnell das Gefühl, dazu zu gehören.

Irgendwann, nachdem ich schon nicht mehr bei ihm arbeitete, hat er mir erzählt, welchen Repressionen er damals ausgesetzt war, als im Dorf bekannt wurde, dass er mich als Lehrling aufgenommen hatte. Ich hätte nie geglaubt, dass Menschen so gemein sein können. Es blieben sogar langjährige Stammkunden weg, nur weil er mich aufgenommen hatte. Umso stärker ist heute meine Dankbarkeit ihm gegenüber.

Die dreieinhalb Jahre, die ich mit Ede arbeiten durfte, haben mir einen Grundstock an Selbstbewusstsein gegeben, der mein weiteres Leben entscheidend prägte. Ich habe diesem Mann so viel zu verdanken und bin davon überzeugt, dass ich ohne seinen Einfluss meinen beruflichen Lebensweg nie hätte so positiv gestalten können.

Er war zwar mein Lehrmeister und er war oft ein wirklich harter Hund. Aber ich lernte bei ihm Disziplin. Nicht aus Angst wie bei meinem Vater. Nein, Ede wurde im Gegensatz zu ihm nie laut. Er konnte seine Entscheidungen immer im ruhigen Gespräch sachlich begründen.

Ich machte in dieser Zeit zum ersten Mal die Erfahrung, dass man Konflikte und Probleme auch rein verbal lösen kann, ohne das Gesicht dabei zu verlieren. Er war die erste erwachsene Vertrauensperson in meinem Leben. Ich konnte mit ihm über einfach alles reden. Den ersten Liebeskummer, Ängste und Gefühle, Zukunftspläne usw. Ich fühlte mich von ihm verstanden und respektiert. Durch ihn habe ich gelernt und erfahren, dass ich trotz meiner Herkunft und Schwächen und meinem geringen Selbstwertgefühl ein vollwertiger Mensch der Gesellschaft bin. Dies war ein sehr erhebendes Gefühl für mich.

Von Tag zu Tag wurde eine positive Zukunft sichtbar und erlangte den Status des Möglichen. Ich habe mit ihm meine Pläne besprochen und er hat mich dafür immer ermuntert und motiviert. Er sagte immer »Manfred, Du kannst alles in Deinem Leben schaffen, wenn Du es nur wirklich möchtest.« Er hat mich aber auch immer ermahnt, dass es nicht leicht für mich sein würde und ich meinen Stallgeruch nie loswerden würde.

Dadurch, dass wir auch zusammen Musik machten, haben wir viel unserer Freizeit miteinander verbracht. Ede war praktisch lückenlos über mein Leben informiert. Er hat mich sogar vor meinem Vater in Schutz genommen, was mir damals sehr imponiert und gut getan hat.

Hin und wieder kam mein Vater in die Bäckerei und erkundigte sich über mein Verhalten. Er ermahnte Ede jedes Mal, mich hart anzufassen, wenn ich nicht spurte. Irgendwann war es Ede zu blöd geworden und er erwiderte meinem Vater Folgendes: »Manfred, eines muss ich Dir jetzt mal sagen. Dein Sohn ist ein sehr fleißiger und zuverlässiger Junge, er steht morgens sehr früh auf und erscheint immer pünktlich und motiviert zur Arbeit, was man von Dir ja nicht kennt. Daran solltest Du Dir mal ein Beispiel nehmen.« Ich hatte ein unglaublich triumphales Gefühl und Vater betrat von da an nie wieder die Backstube.

Auch heute, nach fast 25 Jahren, ist Ede jederzeit für mich da. Ich habe das Gefühl dafür, was er für mich getan hat, nicht verloren. Er war und ist einer der wichtigsten Menschen in meinem Leben.

Langsam wurde ich erwachsen. Die körperliche Arbeit in der Backstube hinterließ an meiner Figur positive Spuren und mein Selbstbewusstsein wurde durch den Umgang mit Ede von Tag zu Tag stärker. Ich begann, Vater bei Streitigkeiten mit Mutter hin und wieder eine Abreibung anzukündigen. Er belächelte meine Drohungen und sein abfälliger Standartspruch war: »Fredy, Du Hosenscheißer wirst dich nicht trauen, mich anzufassen!«

An einem Samstagabend, ich muss damals 17 Jahre alt gewesen sein, war ich mit Freunden verabredet. Mutter pflegte die Fleischkomponente für das Mittagessen am Sonntag vorzubereiten. Sie briet Gulasch an, als ich das Haus verließ.

Vater war noch nicht da. Ich traf mich mit meinen Freunden und wir wollten zum Tanzen fahren. Ich hatte einen Kuchen vergessen, den ich mitbringen wollte. Wir frühstückten gerne nach dem tanzen bei einem der Freunde. Dieses Mal wollte ich den Kuchen beisteuern.

Ich wurde mit einem Moped zurück gefahren, um den Kuchen zu holen. Schon als wir uns dem Haus näherten, hörte ich Vater brüllen. Dann vernahm ich Mutters Weinen. Mein Fahrer erzählte mir später, dass er in diesem Moment nur noch Weißes in meinen Augen gesehen hätte.

Wir betraten das Haus. Mein Herz schlug bis zum Hals. Breit über den Küchenboden war das Gulasch ausgekippt. Unser Mittagessen des nächsten Tages. Bei dem Anblick dieser Schweinerei brannten mir sämtliche Sicherungen durch. Der Alte hatte sich schon wieder ins Schlafzimmer zurückgezogen. Atemlos öffnete ich die Tür und griff mit einer Hand in sein volles Haar. Ohne ein Wort zerrte ich ihn aus dem Bett. So kannte ich mich selbst noch nicht. Ich spürte nicht mal die Anstrengung, als ich ihn durch Flur und Küche über die Schwelle der Haustür schleifte. Die Stufen zum Hof zog ich ihn hinter mir her wie ein Stück Vieh zur Schlachtbank.

Ich hörte keinen Ton. Ich war blind. Ich war gefühllos, kalt und maßlos erregt in einem. Es kotzte mich an. Der Ekel vor diesem entmenschten Wesen ließ meinen Kopf drehen wie ein Karussell.

Dann explodierte ich völlig hysterisch, schlug und trat auf ihn ein ohne jede Kontrolle. Er lag am Boden, versuchte immer wieder aufzustehen. Sein Alkoholspiegel, meine Tritte und Schläge ließen keine Reaktion zu.

Mein Mopedfreund umfasste mich irgendwann von hinten mit den Worten: »Manfred, der hat genug, lass gut sein«. Die Angst in seiner Stimme stoppte und ernüchterte mich. Er hatte mich vor einem Mord bewahrt.

Immer noch aufgebracht, aber schon mehr bei Besinnung, drohte ich dem Alten, ihn tot zu schlagen, wenn er noch einmal Mutter Stress mache. Er lag da, reglos, entkräftet, wahrscheinlich fassungslos und gelähmt vor Angst. Ich war im Siegesrausch. Ich hatte ihn sozusagen einen Teil seiner unbezahlbaren Rechnung begleichen lassen.

Ich schäme mich nicht dafür, vielmehr hasse ich ihn, dass er diese niederen Gefühle in mir geweckt hat. Ich hasse ihn dafür, dass er mich gelehrt hat zu hassen und dafür, dass er mir lebenslangen seelischen Schaden zugefügt hat.

Mutter war mir ewig dankbar, dass er sie von dem Tag der Abreibung an in Ruhe ließ. Immer, wenn er begann Stress zu machen, drohte sie ihm, es mir zu erzählen. Das reichte für seinen Rückzug.

Während meines dritten Lehrjahres bewarb ich mich als Freiwilliger bei der Bundesmarine. Ich wollte zur See fahren, wollte die Welt bereisen und neue Dinge kennen lernen. Mein Lerntrieb war unendlich groß. Ede unterstützte mich und redete mir Selbstvertrauen zu. Er sagte immer wieder, dass ich möglichst viel lernen solle, dass es in unserer Gesellschaft kein höheres Gut als Wissen und Bildung gäbe und dass ich alles, was ich lernen würde, für mein späteres Leben gebrauchen könne, egal, was es sei.

Ich wurde von der Bundesmarine eingeladen drei Tage an einem Aufnahmetest bei der Freiwilligenannahmezentrale der Marine in Wilhelmshaven teilzunehmen. Ich wurde angenommen und verpflichtete mich auf vier Jahre. Ich war stolz wie ein Spanier!

Irm

Mutters Leben zu beschreiben ist mir am schwersten gefallen. Es war mit kraftraubenden Emotionen verbunden, aber es hat meine Seele gereinigt. In den Gesprächen mit meinen Schwestern ist mir klar geworden, dass ein verherrlichender Tenor auf Mutter nicht stimmig sein kann. Ich möchte ihr Andenken nicht in den Schmutz treten, aber es müssen auch kritische Punkte beleuchtet werden.

Mutter wurde ein halbes Jahr vor Kriegsanfang in unserem Dorf geboren. Ihr Vater war zur Geburt als Funker bei der Wehrmacht. Er fiel in den letzten Kriegstagen in Ungarn. Mutter kannte ihn nur von Fronturlauben und hatte keine nennenswerten Erinnerungen an ihn.

Die Kindheit war durch Entbehrungen geprägt. Oma musste sich und die zwei Töchter alleine versorgen. Dadurch wurde sie gegen Leid resistent und den Verzicht gewohnt. Ich habe Mutter selten glücklich gesehen. Sie konnte zwar vieles aus ihrer Kindheit erzählen, aber wirklich schöne Erinnerungen hatte sie nicht. Sie erzählte oft, wie schwer es war, ausreichend zu Essen zu haben und davon, wie Lebensmittel oder im Winter die Brennstoffe, zum Heizen beschafft werden mussten. Die Rheinschiffe transportierten auch Kohle und Briketts. Man betrieb mit den Besatzungen regen Handel. Zu diesem Zweck wurden Zucker- und andere Rüben mit selbst hergestellter Butter umhüllt, um den Eindruck zu erzeugen, es würde sich um einen großen Klumpen Butter handeln. Diese Butter wurde heimlich und in der Dunkelheit der Nacht gegen Kohle oder Briketts getauscht. Mutter erzählte immer von der Angst, die sie und ihre Schwester dabei hatten. Ihre Erzählungen waren von vielen Tränen begleitet.

Es ging mit einem Bollerwagen zu Fuß drei Kilometer durch die rabenschwarze Nacht. Am Rheinufer warteten sie auf vorbeifahrende Schiffe und winkte denen mit Laternen. Wenn man Glück hatte, legte eines der Schiffe an und der heimliche Tauschhandel konnte vollzogen werden. Aber oft waren die Nächte des Wartens vergeblich.

Als Mutter die Volksschule beendet hatte, musste sie in Vaters Geburtsort, um dort als Hausmädchen zu arbeiten. Sie lernten sich kennen, Mutter wurde bald schwanger. Mit Ursulas Geburt war ihre Anstellung als Hauswirtschafterin beendet. Vom Erbteil Vaters wurde unser Elternhaus gekauft und fortan spielte sich dort das Familienleben ab.

Mutter arbeitete regelmäßig, um den Familienunterhalt sicher zu stellen. Durch die teilweise zwei oder drei gleichzeitigen Arbeitsverhältnisse war sie viel unterwegs. Meine großen Schwestern mussten schon sehr früh einen erheblichen Teil der Hausarbeit und der Betreuung ihrer kleinen Brüder übernehmen. Das raubte ihnen einen Teil ihrer Kindheit und Jugend. Dazu kommt, dass die beiden unserer Mutter für die erlittenen Misshandlungen und Missbräuche eine Mitschuld zuschreiben.

Wir lebten anfänglich mit acht Personen auf nicht einmal 60 Quadratmetern. Da erscheint es mir unmöglich, dass Mutter von all den Dingen, die meinen Schwestern widerfahren sind, nichts mitbekommen haben soll. Ich gehe davon aus, dass Mutter weder die Kraft noch den Mut hatte, sich gegen Vater zu stellen.

Mutter war gegen uns Kinder sehr dominant. Vor allem habe ich schon in früher Kindheit die Tatsache nicht verstanden, dass Mutter uns skrupellos verprügeln konnte.

Sie konnte rücksichtslos werden bis zur Brutalität und nahm auch größere Verletzungen billigend in Kauf. Gegen uns hemmungslos und vor Vater hat sie sich ins Schicksal gefügt. Sie traute sich nie, sich ihm in den Weg zu stellen, wenn er gewalttätig wurde. Dabei wusste sie, dass der Alte in Wirklichkeit ja nur ein Großmaul war und sich nur an den wirklich Schwächeren vergreifen konnte. Besonders Heinz litt unter ihren Wutanfällen. Einmal verprügelte sie ihn mit einem eisernen Schürhaken. Abgesehen von den vielen Blutergüssen und Schürfwunden die er davon trug, hatte sie ihm auch eine große klaffende Wunde am Ellbogen zugefügt.

An einem Sonntagmittag, ich war ungefähr zehn Jahre alt, alberten wir am Mittagstisch herum. Mutter war in der Küche mit den letzten Vorbereitungen fürs Essen beschäftigt und sehr genervt. Ich saß mit dem Rücken zur Küche, rechts und links des Tisches die anderen, am Kopfende unser Ältester. Genau er wurde dann innerhalb von Bruchteilen einer Sekunde zur Zielscheibe meiner Mutter. Sie nahm eine leere Konservenbüchse und warf sie in seine Richtung. Leider saß ich in der Flugbahn der Büchse. Sie traf meinen Hinterkopf und verursachte eine klaffende Platzwunde. Das Mittagessen war gelaufen.

Ein Nachbar, der in Notfällen immer zur Stelle und hilfsbereit war, fuhr uns ins Nachbardorf zum Arzt, der meine Kopfwunde versorgte und nähte. Der Arzt war von der Störung nicht gerade angetan und verzichtete auf eine Betäubung meiner Kopfhaut, was große Schmerzen während des Nähens der Wunde zur Folge hatte.

Die Gewalt gegen uns Kinder war an der Tagesordnung. Dazu kam die psychische Gewalt gegen Mutter. Ich erinnere mich an eine Phase, an deren Ende Mutter einen Suizidversuch machte.

Vater besaß eine Schreckschusspistole und drohte Mutter, sie irgendwann zu erschießen. Er hatte diese Pistole immer bei sich und legte sie teilweise auch während der Mahlzeiten neben seinen Teller auf den Tisch. Er genoss diese Art von Macht. Wir alle sind vor Angst fast gestorben. Wir versuchten, Mutter damit zu trösten, dass es nur eine Schreckschusspistole sei und man damit niemanden erschießen könne. Alleine das Vorhandensein einer Waffe und die ständige Bedrohung dadurch muss für Mutter grausam gewesen sein.

Eines morgens war sie nicht aufgestanden. Ingrid versuchte sie zu wecken, was fast nicht gelang. Mutter stammelte immer nur unverständliches Zeug. Irgendwann sagte sie dann etwas von Schlaftabletten und sterben. Ein alarmierter Krankenwagen brachte sie ins Krankenhaus und wir gingen zur Schule.

Nach der Schule kamen ich und meine Brüder an dem Kiosk vorbei, wo wie gewohnt Vater mit einer Flasche Bier in der Hand bei seinen Saufkumpanen stand und trank, als sei nichts Außergewöhnliches geschehen. Er verriet sein schlechtes Gewissen dadurch, dass er uns auf ein Eis einlud. Das einzigste Mal, an das ich mich erinnern kann. Aber die Situation war bezeichnend. Anstatt am Krankenbett unserer Mutter zu sitzen, stand er am Kiosk und trank.

Zuhause hatte Tante Christa unterdessen auf uns gewartet und uns zur Oma gebracht, wo das Mittagessen bereit stand. Tante und Oma waren mal wieder unser soziales Netz, in das wir fallen konnten.

Einige Tage später kam Mutter wieder aus dem Krankenhaus. Über den Grund des Aufenthaltes wurde nie ein

Wort gesprochen. Darin war und ist unsere Familie heute noch weltmeisterlich. Probleme werden nicht mit vertrauten Mitmenschen besprochen, sondern die macht jeder mit sich selbst aus.

Die Schwestern versuchten von nun an, sie zu ermutigen, Vater zu verlassen. Sie führte immer wieder nur das ein und selbe Argument an: »Nicht, solange ihr nicht alle auf eigenen Beinen stehen könnt.« Doch Albert war erst zehn. Nach und nach verließen Ursula, Ronald, Ingrid und schließlich Heinz bei erster Gelegenheit das Haus, bis nur noch Albert und ich da lebten. Ich begann bei Ede meine Lehre als Bäcker und Albert eiferte mir ein Jahr später nach.

Nun war vor allem für meine Schwestern der Tag der Wahrheit gekommen. Mutter hatte einen verwitweten Mann kennen gelernt und konnte sich vorstellen, mit diesem Mann zusammenzuziehen. Da wir ihn nicht kannten, organisierte sie an einem Sonntagnachmittag ein Kaffeetrinken bei ihm zu Hause.

Wir fuhren alle sehr gespannt zu seinem Wohnort. Der sehr freundliche und herzliche Mann trug zwar am Sonntagnachmittag einen Jogginganzug, aber das war für uns kein besonderer Umstand. Er war gepflegt, die Wohnung war seinem Alter entsprechend eingerichtet und sauber. Er muss Ende vierzig Jahre alt gewesen sein. Wir lernten ihn als krasses Gegenteil unseres Vaters kennen. Er ging sehr liebevoll, zuvorkommend und fürsorglich mit Mutter um, war fröhlich und hatte immer einen lustigen Spruch auf den Lippen, was hin und wieder unpassend war. Eines war ganz wichtig, er legte keinen Wert auf Alkohol!

Er hatte seit mehreren Jahrzehnten eine Anstellung als Schlosser bei der Stadt Mainz. Seine Frau war Jahre vorher an einem Bluthochdruckleiden gestorben. Sie hatten vier Kinder groß gezogen, wobei der Jüngste ein schwieriges Kind war, denn er lebte schon mehrere Jahre bei Pflegeeltern.

Nach dem ersten Kennenlernen war klar, dass das der Lichtstreif am Horizont war. Jetzt konnte für Mutter eine neue Zeitrechnung beginnen. Innerhalb kürzester Zeit wurde der Aus- und Umzug geplant und organisiert. Ingrid hatte sich bereit erklärt, Albert und mich bei sich aufzunehmen. Uns war dies sehr recht, obwohl sich mein Weg zur Arbeitsstelle dadurch vervielfachte. Da ich keinen fahrbaren Untersatz hatte, musste ich die Strecke am frühen Morgen und Nachmittag zu Fuß gehen. Aber das war es allemal wert.

Jedenfalls wurde für einen Sonntagmorgen im Herbst ein kleiner Laster organisiert. Vater hatte mal wieder einen Gelegenheitsjob und war nicht da. Er hatte während des Tages durch die Weinberge zu streifen und mit einer Schreckschusspistole Böller in die Luft zu schießen, um zu verhindern, dass Stare die Weintrauben frassen. Mutter nahm nur ihre persönlichen Dinge mit und ihre Kleidung. Keine Möbel, keine Geräte, nichts.

Ein echtes Zusammengehörigkeitsgefühl spürte ich jetzt zum ersten Mal. Mutter trennte sich endlich nach 26 Ehejahren von Vater. In diesem Jahr standen wirklich alle auf eigenen Beinen. Ich war im 2. Lehrjahr als Bäcker und Albert war ebenfalls in der Lehre.

Wir Kinder organisierten in einer Nacht- und Nebelaktion den Aus- und Umzug. Ronald hatte den Transporter besorgt und in wenigen Stunden waren die paar Sachen, die unsere Mutter, Albert und ich mitnehmen wollten, eingepackt und abtransportiert.

Wir nahmen lediglich unsere persönlichen Dinge mit. Jegliches Mobiliar und sonstige Einrichtungsgegenstände sind zurück geblieben. Ich kann mich heute noch sehr genau an diesen Tag und vor allem an meine Gefühle erinnern. Es war eine Befreiung, die einer Entlassung aus dem Gefängnis gleichen muss. Endlich konnte man nach Hause kommen, ohne die Angst im Nacken zu haben, welche Situation gerade Mal wieder auf einen warten würde. Wir konnten ja nie sicher sein, welche Laune unser Vater gerade hatte, ob er überhaupt da ist und wenn ja, in welchem emotionalen Zustand er sich befände, ob er betrunken oder nüchtern war.

Ich spürte zum ersten Mal, wie schön es ist, nach Hause zu kommen und sich dort wohl zu fühlen. Wir kannten bisher nur den Drang, vor der häuslichen Situation weglaufen zu wollen aber nicht zu können. Es war ein befreiendes Gefühl ohne Gleichen!

Fortan lebte meine Mutter bei dem neuen Mann. Ich lebte vier Jahre lang bei meiner Schwester. Ich hatte mein Zimmer, eine Anlaufstelle, ein Zuhause. Mutter lebte auf. Sie erwachte aus einem Dornröschenschlaf und mit der inneren Entspannung kamen Glanz und Leuchten in ihre Augen zurück. Sie wurde zu einer attraktiven Mittvierzigerin. Ihr Mann war stolz auf sie und trug sie auf Händen. Für Mutter war es jedoch eine Schande, dass der jüngste Sohn bei einer Pflegefamilie lebte. Sie wollte ihn wieder nach Hause holen. Der Mann und die anderen drei Kinder rieten von diesem ehrgeizigen Ziel ab. Mutter aber blieb stur. Für sie gehörte ein Kind zu den Eltern und basta.

Er kam dann anfangs übers Wochenende zu Besuch und sollte so wieder ins Familienleben integriert werden. Aber schon dabei traten die ersten Probleme auf. Er log, er stahl Geld aus Geldbörsen und war insgesamt sehr anstrengend. Mutter aber war die Geduld in Person und gab die Hoffnung nicht auf. Er nutze ihre Weichherzigkeit aus und forcierte die Rückkehr noch.

Er wusste ganz genau, dass er es mit seinem Verhalten bei Mutter leichter als in der Pflegefamilie haben würde. Sein Zimmer wurde wieder eingerichtet und er kam zurück. Damit ging es richtig los mit Schulproblemen, Diebstählen, Körperverletzungen, Sachbeschädigungen.

Muter hat ihn immer wieder vor seinem Vater in Schutz genommen und davor bewahrt, dass der ihn des Hauses verwies. Als er die Schule beendet hatte, besorgte Mutter ihm eine Lehrstelle als Bäcker. Er wollte Albert und mir nacheifern. Schon nach wenigen Monaten brach er die Ausbildung ab. Sein Vater setzte sich jetzt durch und verwies ihn des Hauses, woraufhin er zu seinem älteren Bruder und dessen Freundin zog.

Mutter entwickelte einen Egoismus, den ich an ihr nicht kannte. Sie vergaß an Geburtstagen anzurufen oder schickte nur eine Glückwunschkarte mit Geld, was mich sehr betroffen machte. So war ich mit meiner Freundin am zweiten Weihnachtsfeiertag bei Mutter zum Mittagessen eingeladen. Nach dem Essen setzten wir uns ins Wohnzimmer und meine Mutter fragte mich, ob ich die Bilder ihrer Hochzeit sehen möchte. Ich dachte, sie macht einen Scherz. Aber sie hatten einige Wochen vorher geheiratet.

Alle meine Geschwister waren bei den Feierlichkeiten anwesend und ich wusste noch nicht einmal etwas davon. Darüber wurde nie mehr ein klärendes Wort gesprochen.

Ende der achtziger Jahre bekam ich mit, dass der Mann doch ein heimliches Alkoholproblem hätte. Ich hatte zwar bemerkt, dass er in Gesellschaft ganz gerne mal einen Schnaps trank, was mich aber nicht beunruhigte, zumal er dann eher lustig und entspannt wurde und nicht aggressiv, wie ich das von Vater kannte. Anscheinend war es weit schlimmer als ich ahnte. Mutter verlangte eine Entziehungskur. Sie drohte, ihn zu verlassen und sich scheiden zu lassen. Schließlich hatte sie sich über 26 Jahre mit einem Alkoholiker gequält.

Als ich Heila heiratete hatte Mutters zweiter Mann Wochen vorher eine Therapie in einer geschlossenen Einrichtung begonnen und Tage vor unserer Hochzeit abgebrochen. Er glaubte er sei gesund und könne jetzt mit seiner Krankheit umgehen und vor allem auf Alkohol verzichten. Schon auf der Hochzeitsfeier nahm er Cola mit diversen alkoholischen Zusätzen zu sich. Er glaubte zwar, wir würden es nicht merken, weil er die Kellner angewiesen hatte, dass immer, wenn er sich eine Cola bestellte, da etwas rein gehörte.

Von da an wurde Mutters Ehe immer schlechter. Sie begab sich in eine Psychotherapie, um zum einen ihre Vergangenheit mit unserem Vater aufzuarbeiten und zum anderen deshalb, weil sie sich die Schuld daran gab, dass ihre Männer tranken und alkoholkrank waren.

Während meines Studiums in Mainz war ich nur wenige Kilometer von Mutter entfernt. So bekam ich viel mehr von ihrem Leben mit. Es war erschreckend, in welcher psychischen Verfassung sie war. Sie hatte Wahnvorstellungen, dass ihr Mann fremdgehen würde und mehrere Freundinnen hätte. Ich beschattete ihn zu ihrer Beruhigung und um mir Gewissheit zu verschaffen, tagelang.

Nach der Arbeit nahm ich ihn in Mainz am Bahnhof auf. Er trank dort in einer Kneipe meist mit einem Arbeitskollegen ein Bier und nahm dann den Bus. Mutter war überzeugt, dass er mit der Wirtin eine Affäre hatte.

Hinter seinem Bus her fuhr ich mit dem Motorrad, um seinen weiteren Heimweg zu Fuß zu beobachten. Er ging ohne Zwischenstopp nach Hause. Dort wartete Mutter auf ihn mit ihren Beschuldigungen. Kurze Zeit später verließ er die Wohnung, fuhr mit dem Motorroller zur nahe gelegenen Tankstelle. Er kaufte ein paar Flaschen Bier und einen Flachmann. Dann fuhr er in die Weinberge zu einer Parkbank und genoss beim Alkohol die Ruhe, die er zu Hause nicht mehr fand. Mutter glaubte, er sei währenddessen bei seiner Geliebten und sie ließ sich auch durch meine Observationsberichte nicht von ihrer Theorie abbringen. Für sie ging er fremd und basta!

Die Wochen vor dem Ende des Studiums waren durch Mutter hektisch und chaotisch. Sie drohte ständig, sich umzubringen, wenn er nicht aufhören würde zu trinken und fremd zu gehen. Ich telefonierte sehr oft mit der Psychotherapeutin meiner Mutter, weil ich wirklich Angst hatte, sie würde sich etwas antun. Die versicherte mir aber wiederholt, dass Mutter nicht suizidgefährdet sei und ich bräuchte mir wirklich keine Sorgen machen.

Düsseldorf wurde eine wichtige berufliche Station. Ich hatte im neuen Job sehr viel zu tun und keine Zeit, mich um Mutter zu kümmern. Ursula übernahm das, nahm sie sogar bei sich auf. Nach einigen Wochen hielt sie es nicht mehr aus und ging zurück. Es war ein Sonntag im März.

Als ich am Montagabend aus dem Büro kam, empfing mich meine Frau mit sehr traurigem Gesicht. Mutter war tot. Ich solle dringend bei ihrem Mann anrufen. Der ging ans Telefon und begrüßte mich mit den Worten: »Manfred, warum hat sie mir das angetan?« Er gab den Hörer weiter an meinen Bruder, der sagte, dass Mutter sich wohl umgebracht hätte. Die Polizei war noch da und man wusste noch nichts Genaues. Ich sagte: „ Mutter hat sich nie im Leben umgebracht. Das macht keinen Sinn!«

Ich war sicher, eine Obduktion würde Klarheit über die Todesumstände erbringen. Dann überschlugen sich die Ereignisse. Dienstag warteten wir noch auf das Ergebnis der Obduktion. Am Abend rief mein Bruder an und teilte mit, dass der ermittelnde Staatsanwalt entschieden habe, Mutters Leiche nicht obduzieren zu lassen. Er gehe von einem glasklaren Selbstmord aus, was ihm auch die ermittelnden Kriminalbeamten bestätigt hätten. Das wollten und konnten wir Kinder nicht akzeptieren. Wir klärten die Möglichkeit einer privat veranlassten Obduktion. Das Gerichtsmedizinische Institut gab uns den gewünschten Termin. Die Medizinerin bat aber, vorher den Staatsanwalt zu informieren. Mein Bruder telefonierte also mit dem Staatsanwalt und drohte ihm Konsequenzen an, falls die Selbstmordtheorie nicht bestätigt würde. Nun bekam der Staatsanwalt kalte Füße. Er ließ die Leiche sofort zur Obduktion beschlagnahmen. Das Ergebnis war: »Tod durch gewaltsames Ersticken.«

Damit konnten die Aussagen ihres Mannes, wann er sie zum letzten Mal lebend gesehen hatte, mit der Festlegung des Todeszeitpunktes durch den Notarzt vor Ort nicht mehr übereinstimmen. Jetzt war er Verdächtiger und potentieller Täter zugleich.

Mittwochabend wurde er vor seiner Haustür festgenommen und zum Verhör abgeführt. Er erzählte fast zwei Tage lang immer die gleiche Geschichte. Die Polizei hatte schon Angst, ihn Mangels Beweisen wieder laufen lassen zu müssen. Einer der verhörenden Polizisten rief jedoch kurz vor Ablauf der 48 Stunden Frist meinen Bruder an. Er fragte ihn nach hilfreichen Hinweisen aus dem Verhalten des Verdächtigen unmittelbar nach dem Auffinden von Mutters Leiche. Der hatte Ronald in der Nacht von Montag auf Dienstag reichlich betrunken angerufen und sagte Sätze wie »... ich musste doch etwas tun, die hätte mich doch sonst ruiniert......«. Damit konfrontiert, legte er ein ausführliches Geständnis ab.

Tatsächlich hatte es Sonntagabend wieder Streit gegeben. Mutter hatte erklärt, dass sie sich endgültig von ihm trenne und nicht mehr da sein würde, wenn er am nächsten Tag von der Arbeit käme. Sie ging zu Bett, er blieb wach, trank Bier und Schnaps. Gegen 0:30 Uhr am Montagmorgen habe er ihr einen Schreck einjagen wollen, sei ins Schlafzimmer gegangen und habe ihr das Kissen auf den Kopf gedrückt. Er sei jedoch nicht davon ausgegangen, dass sie tot sei. Deshalb sei er am nächsten Tag ganz normal zu seiner Arbeit gegangen.

Er hatte zur Unterstützung der Selbstmordtheorie in einem Wasserglas einen Medikamentencocktail gemixt und auf den Nachttisch von Mutter gestellt. Desweiteren hatte er sämtliche Polstermöbel mit einem Küchenmesser zerschnitten. Es sollte wie ein Racheakt von Mutter aussehen. Die Polizei ist darauf reingefallen.

Die Notärztin hatte im Totenschein »ungeklärte Todesursache« festgestellt. Die Polizisten machten sogar Fotos von Kampfspuren. Es gab blutige Bissspuren in Mutters Kopfkissen, dem Tatwerkzeug. Trotzdem beurteilten sie die Sache als Selbstmord. Der vorsitzende Richter konnte sich die Fehleinschätzung der Polizisten nicht erklären und nahm sich die Beamten vor. So stellte sich heraus, dass einer der Polizisten früher mit dem Täter zur Schule gegangen war. Da der fast drei Tage Zeit hatte, alle Spuren zu verwischen und Zeugen zu manipulieren, war es schwer, eine Mordanklage aufrecht zu halten.

Er sagte vor Gericht aus, er hätte zur Tatzeit schon reichlich Alkohol genossen gehabt. Ein Gerichtsgutachter errechnete den wahrscheinlichen Blutalkoholspiegel zur Tatzeit von 1,6 Promille. Das schränkte seine »Schuldfähigkeit« sehr ein.

Dabei hatte Mutter seit Jahren schon jeglichen Alkohol aus der Wohnung verbannt. Es gab definitiv keine alkoholischen Getränke und ihr Mann durfte zuhause auch keinen Alkohol konsumieren. Aber am Tattag will er zuhause Bier und diverse Flachmänner zu sich genommen haben. Nach seinem Geständnis wurden in der Wohnung weder restliche Alkoholika noch leere Flaschen gefunden. Er sagte dazu, er hätte in den Tagen vor seiner Festnahme alles ausgetrunken und die leeren Flaschen im Glascontainer entsorgt, denn sein Hausmüll wies ebenfalls keine leeren Flaschen auf.

Wir sind nach wie vor überzeugt, dass er die Tat in voller geistiger Klarheit, Berechnung und weitestgehend nüchtern durchgeführt hat. Auch die Nachbereitungen in Bezug auf die Selbstmordtheorie mit dem Medikamentencocktail und den zerschnittenen Polstermöbel. Das wäre mit 1,6 Promille im Blut nicht möglich gewesen.

Er widerrief in der Untersuchungshaft sogar das Geständnis und eine Zeugin bestätigte, dass sie Mutter noch am Montagmorgen gesehen hätte. Aber sie verwickelte sich in Widersprüche, sodass der Richter sie für unglaubwürdig erklärte und aus dem Zeugenstand entlies.

Der schlimmste Zeuge war S. Dieser junge Mann, den Mutter wieder nach Hause geholt hatte und dem sie alle nur denkbare Unterstützung gegeben hatte. Er behauptete, Mutter hätte sich bei ihm über die mangelnde sexuelle Aktivität seines Vaters beschwert und ihn gefragt, ob er nicht das Defizit seines Vaters ausgleichen wolle.

Mutters zweiter Ehemann wurde wegen Totschlags zu neun Jahren und sechs Monaten Haft verurteilt. Sein angeblicher Alkoholkonsum zur Tatzeit, seine schwere Kindheit in den Kriegsjahren und einige andere Dinge wurden strafmildernd berücksichtigt. Darüber hinaus wurde vom Gericht festgelegt, dass er am Ende seiner Haftzeit eine Alkoholtherapie absolvieren muss.

Er war also das letzte Jahr seiner Haftstrafe im offenen Vollzug und machte eine Alkoholtherapie. Für die Staatskasse leider rausgeschmissenes Geld. Wenige Tage nach seiner endgültigen Entlassung wurde er schon wieder bei einem Glas Bier in seiner alten Stammkneipe gesichtet.

Mutter wurde unter großer Anteilnahme der Bevölkerung beerdigt. Ihr Grab schmückt ein dunkelgrüner Stein, in den ein Ast mit sechs Zweigen gemeißelt wurde. Das Symbol für die Mutter und ihre sechs Kinder.

Geht nicht, gibt's nicht

Mit der Bundeswehr begann für mich ein neues Leben, eine neue Zeitrechnung.

Ingrid brachte mich mit ihrem zweijährigen Pascal, früh morgens zum Bahnhof in die Stadt. Ich wollte auf gar keinen Fall zu spät in Westerland/Sylt ankommen. Die Grundausbildung sollte in List stattfinden. Im Zug saß ein junger Mann aus Frankenthal in der Pfalz, der den gleichen Weg wie ich hatte. Wir wurden sogar Stubenkameraden und verbrachten das erste Ausbildungsquartal zusammen. Er unten und ich oben im Etagenbett.

Der Abschied am Bahnhof war schwer. Ich hatte keine Ahnung was auf mich zukommen würde, und außerdem war ich noch nie so weit von zu Hause weg. Bis dahin hatte ich mich nicht mal eine Autostunde von unserem Dorf wegbewegt. Vor allem konnte ich mir gar nicht vorstellen, dass ich jetzt nicht mehr jeden Tag meine Schwester und meinen Neffen um mich haben würde. Pascal spürte das ebenfalls. Als der Zug einfuhr, fing er fürchterlich an zu weinen. Er wollte vom Arm seiner Mutter auf meinen Arm und hat sich mit seinen kleinen Ärmchen um meinen Hals geschlungen und mich ganz fest gehalten. Es war das erste Mal in meinem Leben, dass ich Abschied nehmen musste.

Nach kurzer Zeit hatte ich den jungen Mann aus Frankenthal kennengelernt. So konnte ich auf andere Gedanken kommen und schon sehr bald wich die Trauer der Vorfreude. In Bremen mussten wir umsteigen, hatten zwei Stunden Aufenthalt. Wir nutzten die Zeit, um uns ein wenig die Stadt anzusehen. Alleine hätte ich mich garantiert nicht aus dem Bahnhof heraus gewagt. Aber mit dem Frankenthaler als erfahrenem Reisenden war es kein Problem für mich. Dort hatte ich zum ersten Mal das erhebende Gefühl von Freiheit und Selbständigkeit.

In Westerland holten uns Busse ab nach List. Ich war fasziniert. Noch nie in meinem Leben hatte ich das Meer gesehen! Und jetzt war es oft rechts und links der Straße in Sichtweite. Schon während der Zugfahrt über den Hindenburgdamm war ich sehr ergriffen. Zwar war Ebbe und nur das Watt zu sehen, aber alleine schon die Vorstellung, dass ich jetzt am Meer war, war ergreifend für mich.

In der Kaserne wurden wir auf unsere Stuben verteilt und als erste Aufgabe mussten wir einen Lebenslauf in Textform schreiben. Vier Jahre später habe ich den in meiner Personalakte gefunden. Und war erstaunt, welche Entwicklung ich bis dahin genommen hatte.

Die Grundausbildung war körperlich und geistig super anstrengend. Als Bäcker bin ich zwar deutlich früher aufgestanden. Jedoch machten wir viel Sport, Außendienst und Unterricht. Zwölf stramme Stunden jeden Tag, die bis auf 30 Minuten Mittagspause straff durchorganisiert waren. Dazu kam die Luftveränderung durch das Meer. Ich lag jeden Abend nach der Tagesschau im Bett. Meine drei Stubenkameraden schafften selten überhaupt die Tagesschau. Ich interessierte mich damals aber schon sehr für Politik und das Ausbildungsfach Politische Bildung motivierte mich zusätzlich.

Trotz der anstrengenden Ausbildung nahm ich durch die hervorragende Küche der Marine Versorgungsschule gut fünf Kilo zu. Hier wurden die Köche der Marine ausgebildet. Es waren zwar alle Köche im Zivilberuf, aber dort wurde ihnen während der Grundausbildung beigebracht auf einem Schiff oder einer anderen Einheit der Marine zu kochen. Ich habe nie wieder bei der Bundeswehr besser gegessen.

Die Grundausbildung war mit die schönste Zeit bei der Marine. Ich hatte fachlich und menschlich ganz hervorragende Ausbilder und Vorgesetzte. Ich kann mich nicht an eine einzige Situation erinnern, wo einer ungerecht behandelt oder gar schikaniert worden wäre.

Der nächste Ausbildungsabschnitt, der so genannte Gastenlehrgang, war in Wilhelmshaven in einem zivilen Krankenhaus. Als Unteroffiziersanwärter durchlief ich eine Ausbildung zum Krankenpfleger und deshalb kam nun ein praktischer Teil von sechs Wochen.

Ich kam auf eine chirurgische Station. Die wurde intern Sportlerstation genannt, weil meist nur Patienten mit Sportverletzungen behandelt wurden. In den Freischichten hatten wir zusätzlichen theoretischen Unterricht in unserer Kaserne. Ich bildete mich damals zusätzlich zum Medizinischen Fußpfleger weiter. Mein Wissenshunger war kaum zu stillen. Und ich hatte mir Edes Tipp zum Leitsatz gemacht: »Nimm alles Wissen mit, was Du kriegen kannst. Irgendwann wird es Dir nutzen«.

Von Wilhelmshaven ging es zurück nach List/Sylt, für weitere theoretische und praktische Ausbildung. Dann kam der Tag der Wahrheit, wo uns vom Kompaniefeldwebel verkündet würde, in welche Einheit wir versetzt werden sollten. Und ich hatte den absoluten Hauptgewinn! Mein Kommando sollte das »Schulschiff Deutschland« sein! Der Traum eines jeden Matrosen!

Das Schulschiff Deutschland geht meist auf große Fahrt. An Bord sind Offiziersanwärter, die dort ihre seemännische Offiziersausbildung absolvieren. Die Reisen sind mehrere Monate lang und gehen an illustre Orte in aller Welt. Ich war völlig aus dem Häuschen.

Abends hatten wir den letzten „Landgang" vor unserer Versetzung. Wir gingen in unsere Stammdisco „Insel". Viele von uns waren seit einem halben Jahr tagtäglich zusammen. Es entstanden gute Freundschaften und jetzt war der Moment gekommen, Adieu zu sagen. Aber irgendwie war die Stimmung so gar nicht zum Feiern.

Wir saßen zu fünft um einen Tisch, hatten wie üblich eine Flasche Baccardi, Cola und Eiswürfel bestellt, aber keiner wollte trinken.

In der Nähe der Tanzfläche sah ich ein sehr hübsches Mädchen stehen. Ich verkündete meinen Freunden, dass ich mir bei der jetzt einen Korb holen werde und darauf würden wir alle fürchterlich einen trinken.

Das Mädel gab mir aber keinen Korb. Sie folgte sehr gerne meiner Aufforderung und wir tanzten. Nach zwei oder drei Songs und einigen Sätzen zwischen uns war alles klar. Ich ging mit dem Mädchen zu den Freunden und stellte sie ihnen vor.

Der Abend entwickelte sich sehr zwiespältig. Meine Freunde feierten mit reichlich Baccardi-Cola. Ich trank nur Cola, weil ich Heila zu ihrer Unterkunft im Klappholtal bringen wollte. Sie machte dort ein Praktikum als Erzieherin.

Ich fuhr damals ein Motorrad, lieh mir von einem Kameraden den zweiten Helm für Heila und brachte sie gegen Mitternacht zurück. Unten am Strand setzten wir uns in die Dünen und quatschten. Hier begann etwas!

Das Problem war dieser letzte Landgang vor meiner Versetzung und ich hatte ein Bordkommando. Heila kam aus der Nähe von Unna am Rande des Sauerlandes. Für meine Vorstellungskraft war es unmöglich, dass wir uns jemals wieder sehen würden. Wir verabredeten uns für den nächsten Abend.

Es gelang mir, die Kaserne zu verlassen und mich mit Heila zu treffen. Wir gingen am Strand spazieren, saßen in den Dünen und redeten. Ihre Nähe tat mir unglaublich gut. Der Gedanke, dass ich diese tolle Frau nie wieder sehen sollte, war für mich unerträglich.

Die Rückkehr in die Kaserne war sehr kritisch. Da ich mich von Heila nicht trennen konnte, war das Kasernentor bereits verschlossen. Bei der aufwändigen Passkontrolle am Kasernentor würde ich auffallen und müßte mit einer Disziplinarstrafe rechnen. Als Unteroffiziersanwärter wäre dies ein deutlicher Knick auf der Karriereleiter gewesen.

So stellte ich mein Motorrad auf einem Parkplatz vor der Kaserne ab, lief an der Umzäunung der Kaserne entlang bis auf Höhe unseres Inspektionsgebäudes und kletterte über den Zaun. Durch ein offen stehendes Fenster gelangte ich ins Gebäude und in mein Bett.

Gleich nach dem Wecken suchte ich unseren Inspektionsfeldwebel auf und ersuchte ihn um ein Landkommando. Er verstand die Welt nicht mehr. Ich hatte das Traumkommando eines jeden Matrosen in der Tasche und wollte es nicht. Unglaublich! Er versuchte lange, mich zu überzeugen, dass meine Beweggründe nicht die richtige Entscheidungsbasis seien. Ich blieb jedoch stur und so tauschte er mein Kommando mit dem eines Kameraden.

Ich war jetzt Taucherarztgehilfe in einer Sanitätsstaffel eines U-Boot Geschwaders in Neustadt an der Ostsee.

Heila schilderte ich die neueste Entwicklung in einem Brief, den ich auf dem Weg nach Westerland bei ihrer Unterkunft abgab. Meine Fahrt nach Neustadt verlief tränenreich. Ich wusste nicht wie es weiter gehen sollte. Für meine Empfindung lagen Welten zwischen Heila und mir. Mit jedem Kilometer weg von Sylt wurde der Schmerz größer.

Die Einheit, in die ich versetzt war, war für mich eine Katastrophe. Zum einen hatte ich das Herz voller Kummer und dazu kam, dass sowohl der Inspektionsfeldwebel als auch der Staffelkommandant schwere Alkoholiker waren. 'Ja, klasse!' dachte ich. Bisher war alles nach Vorschrift und immer fair und anständig gelaufen. Doch was ich dort in Neustadt erleben sollte, war einfach nur der Wahnsinn. Auf nichts war Verlass. Außer darauf, dass der Spieß und der Chef jeden Morgen zum Frühstück gemeinsam eine Flasche Ballentines leerten.

Nach wenigen Tagen bekam ich den ersten Brief von Heila, in dem sie mir auch ihre Freude darüber mitteilte, dass ich jetzt doch nicht zur See fuhr. Wir schrieben uns nun jeden Tag. Am Ende der Sommerferien war Heilas Praktikum auf Sylt beendet. Sie wurde von ihren Eltern abgeholt. Von da an telefonierten wir täglich.

An einem herrlichen Sommerabend fuhr ich mit meinem Motorrad an der Küstenstraße spazieren und war wohl in Gedanken versunken, als ein Traktor mit Anhänger aus einem Feldweg auf die Straße fuhr und meine Vorfahrt missachtete.

In letzter Sekunde konnte ich eine Vollbremsung machen. Aber es war zu spät, dem Gespann auszuweichen. Das Fuhrwerk blockierte bereits die ganze Straßenbreite. Das Hinterrad meines Motorrades brach aus und ich rutschte samt Maschine zwischen Traktor und Anhänger unter der Deichsel durch. Mein rechter Fuß schlug an ein Vorderrad des Anhängers, das riss mir zwei Bänder im Fußgelenk. Das wars zum Glück.

Ich verbrachte nur wenige Stunden im Krankenhaus Neustadt. Dann wurde ich auf die Krankenstation meiner Sanitätsstaffel verlegt. Am nächsten Tag konnte ich mich kaum bewegen. Ich hatte am ganzen Körper Prellungen, Abschürfungen und Blutergüsse. Und vor allem konnte ich Heila nicht anrufen. Es gab noch keine Handys und Telefon am Krankenbett schon gar nicht. So blieb Heila und mir vorerst nur Briefe als Kommunikationsmittel.

Heilas Bruder plante kurzfristig einen Urlaub an der Ostsee. Er wollte mit einem Wohnmobil dort hin reisen. Und sie kam mit! Auf Grund meiner Bänderverletzung war nicht an eine kurzfristige Entlassung aus dem Krankenstand zu denken. Jetzt war ich verzweifelt. Gespräche mit dem behandelnden Arzt machten mir auch keine Hoffnung. Die Schwellung an meinem Fuß war noch so stark, dass ein Verlassen des Bettes nicht in Frage kam. Das wollte und konnte ich aber nicht akzeptieren. Ich kühlte mit Eispackungen und Kältemitteln rund um die Uhr den Fuß, um die Schwellung zurück zu führen.

Wenige Tage später war Heila in Neustadt angekommen und ich hatte einen Plan. Die Schwellung an meinem Fuß war abgeklungen und die Visite des Arztes stand bevor. Er wusste, dass ich wenigstens für ein paar Stunden das Bett verlassen wollte, um Heila zu treffen. Er machte an meinem verletzten Fuß Dehnungs- und Bewegungsübungen die unglaublich schmerzhaft waren. Das habe ich mir mit einem Lächeln auf den Lippen natürlich nicht anmerken lassen. Ich bekam Landurlaub!

Wir hatten uns vier Wochen nicht gesehen. Ich hatte Angst, sie nicht wieder zu erkennen. Aber diese Gedanken waren in dem Moment, als ich sie von weitem erblickte, verschwunden. Leider schwand der Abstand zwischen uns wegen der Krücken viel zu langsam, aber ich hatte das Gefühl, ihr entgegen zu fliegen. Dann konnten wir uns endlich wieder in die Arme nehmen.

Wir hatten drei Stunden Zeit. Heilas Bruder musste noch einen Campingplatz für die Nacht suchen. Natürlich haben wir uns verspätet. Wir sind auf mein Zimmer in der Kaserne gegangen, hielten uns einfach nur fest und redeten.

Heilas Bruder war über unsere Verspätung endlos sauer. Zumal er den Schlüssel seines Wohnmobils im Zündschloss stecken ließ und das Auto verschlossen hatte. Er musste eine Dachluke einschlagen, um das Auto wieder zu öffnen. Seinen Frust darüber hat er dann auf unser Zuspätkommen projiziert.

Der Abschied fiel mir diesmal deutlich leichter. Wir hatten uns nämlich für übernächstes Wochenende verabredet. Das war eine Perspektive, die mir große Glücksgefühle bescherte. Mein Fuß war abends wieder total angeschwollen aber das war mir völlig egal. Ich hatte ja fast zwei Wochen Zeit, mich auszukurieren.

Heila holte mich freitagabends zusammen mit ihrem Vater und ihrem jüngeren Bruder in Unna am Bahnhof ab. Bei ihr zu Hause gab es zuerst mit der ganzen Familie Abendbrot. Die Atmosphäre die ich hier spürte war einmalig. Es gab einen unglaublich liebevollen Umgang miteinander. Jeder erzählte, was ihn so den ganzen Tag umgetrieben hat und es wurde besprochen, was es am Wochenende zu essen geben sollte. Die Harmonie dieser Leute war überwältigend und ich fühlte mich sofort aufgehoben.

Das ganze Wochenende verlief so friedlich, wie es begonnen hatte. Sonntags um die Mittagszeit brachten sie mich wieder zum Zug nach Neustadt. Von da an sahen wir uns fast jedes Wochenende.

Mit dem fachlichen Teil des Unteroffizier Lehrganges hatte ich nicht wirklich gerechnet, weil meine Leistungen in der Sanitätsstaffel auf Grund der chaotischen Umstände dort nicht gerade vorbildlich waren. Zumal ich ja auch noch mehrere Wochen wegen meines Unfalls ausgefallen war. Ich freute mich sehr auf die Versetzung, obwohl die Entfernung zwischen Heila und mir dadurch größer wurde. Aber ich freute mich auf List/Sylt und vor allem auch darauf, dass ich endlich wieder Neues dazu lernen durfte.

Es war eine Riesenfreude, in List wieder alte Freunde aus der Grundausbildung zu treffen. Der Maatenlehrgang machte mir großen Spaß. Ich hatte mich schon in der Grundausbildung für die medizinischen Themen begeistert und jetzt ging es richtig zur Sache.

Wir hatten in drei Monaten fast den ganzen Stoff der theoretischen Ausbildung zum Krankenpfleger zu lernen. Am Ende stand eine Prüfung in Anlehnung an das Staatsexamen für Krankenpfleger im zivilen Bereich. Aber damit nicht genug. An der Marineversorgungsschule wurden für die Freizeit immer viele Kurse verschiedener Fachrichtungen angeboten. Ich entschied mich für den Kurs Klassische Massage.

Hier lernten wir an zwei Abenden der Woche jeweils eine Doppelstunde die theoretischen Grundlagen der Massage sowie die praktische Anwendung. Die Besuchswochenenden konnten durch die dienstliche Belastung nicht mehr regelmäßig stattfinden. Wir sahen uns nur noch alle 14 Tage oder gelegentlich nur ein Mal im Monat.

Der Lehrgang in List endete und ich wurde nach Plön zum militärischen Teil der Unteroffiziers-Ausbildung versetzt. Das Weihnachtsfest und Sylvester verbrachte ich bei Heila. Es war das schönste Weihnachtsfest meines Lebens. An der Frequenz unserer Besuche änderte sich nichts.

Der Lehrgang in Plön hat mich immer wieder an meine körperlichen und psychischen Grenzen gebracht. Es ging darum, uns zu Vorgesetzten zu qualifizieren. Es wurde extrem viel Wert darauf gelegt, dass keiner der zukünftigen militärischen Führungspersönlichkeiten seine Macht ausnutzt, um Untergebene zu unterdrücken, ungerecht zu behandeln oder gar zu schikanieren. Zu diesem Zweck hat man uns schikaniert, gedemütigt und auch extrem ungerecht behandelt. Das kannte ich aus meiner Kindheit und Jugend zur Genüge. Ich war fast täglich an dem Punkt aufzugeben.

Ein Vorfall traf mich schwer, weil er mich auch gesundheitlich in Mitleidenschaft zog.

Wir hatten ABC-Ausbildung und sollten den Umgang unserer Atemschutzausrüstung unter körperlich schwerster Belastung lernen. Dazu war ein Waldlauf mit vollem Marschgepäck und Atemschutzmaske angekündigt. Es ist sehr anstrengend, unter einer Atemschutzmaske überztung hat man das Gefühl zu ersticken. Der einstündige Marsch war die Hölle, obwohl einige von uns – auch ich – auf Anraten eines Kameraden die Membrane in der Atemschutzmaske entfernt hatten. Diese Membrane war dafür zuständig, dass der Luftstrom der Einatmung durch den Luftfilter geleitet wurde und die Luft des Ausatmens nicht.

Wir rückten völlig erschöpft wieder in die Kaserne ein. Anstatt zum Inspektionsgebäude ging es aber zum ABC-Übungsraum, in dem mit Tränengas der Ernstfall geübt wurde. Wir machten sofort Meldung bei unserem Ausbilder, dass wir keine Membrane in der Atemschutzmaske hatten.

Er kannte den Trick mit der Membrane natürlich und konnte seine Schadenfreunde kaum unterdrücken. Er befahl uns, in den ABC-Übungsraum einzurücken. Unser Aufenthalt in dem mit Tränengas gefluteten Raum dauerte nur wenige Minuten. Ich hatte Todesangst. Schon der erste Atemzug verursachte bei mir Brechreiz, die Augen begannen sofort sehr stark zu tränen, die Mundschleimhaut produzierte endlos Speichel, ich war nicht mehr in der Lage mich zu bewegen. Meinen Kameraden erging es ebenso. Es kam mir wie eine Ewigkeit vor, bis unser Ausbilder den Befehl gab, uns zu bergen. Ich hatte in meinem bisherigen Leben schon viel Gewalt und Willkür erfahren, aber das war der Gipfel.

Diese Aktion hat mich in Opposition zur Institution Bundeswehr geführt. Ich war nahe daran, mein Ziel Unteroffizier zu werden, aufzugeben. Ich verdanke es dem Zureden meiner Stubenkameraden, dass ich nicht aufgegeben habe. Wir haben uns damals geschworen, dass wir niemals so mit Untergebenen umgehen werden. So schlimm dieser Vorfall für mich auch war, er hat mich positiv geprägt.

Bisher verlief meine Ausbildung sehr geradlinig und ohne Komplikationen. Alle Lehrgangsziele hatte ich mit sehr guten Erfolgen erreicht. Nach etwa sechs Wochen sollte sich die Spreu vom Weizen trennen. Es war bekannt, dass nur 30 % der Lehrgangsteilnehmer zu Unteroffizieren befördert werden würden. Der Rest sollte das Lehrgangsziel nicht erreichen. Da kam mir das Schicksal eines anderen zur Hilfe.

Mein Zugführer war Oberfähnrich, also ein Offiziersanwärter in Ausbildung. Er hatte in der Nacht seinen Truppenausweis verloren und ich fand ihn auf dem Weg zum Frühstück. Ich gab ihm den Ausweis unter vier Augen zurück und hatte von da an einen Mentor. Ein Offiziersanwärter, der seinen Truppenausweis verliert wäre niemals Offizier geworden. Es war kalter Krieg und Plön lag nur wenige Kilometer von der Grenze zur DDR. Die Bedrohung war in der politischen Bildung tägliches Thema.

Wenige Tage nach diesem Vorfall konnte er sich revanchieren. Es war ein Wochenende und ich war abends mit Kameraden in einer Discothek. Was ich vergessen hatte, war die Vorschrift, dass man sich spätestens um Mitternacht wieder in der Kaserne zurückmelden musste. Zwar konnte man dann sofort wieder gehen, aber man musste erscheinen. Da ich das mit meinen Kameraden nicht beachtet hatte, machte der wachhabende Unteroffizier eine Meldung an den Spieß und wir hatten montags morgens mächtig Ärger.

Unsere Ablösung vom Lehrgang wäre im Prinzip die Konsequenz gewesen. Unser Zugführer hat dann aber die Schuld auf sich genommen. Er gab beim Kompaniechef zu Protokoll, dass er es in der Ausbildung versäumt habe, uns auf die entsprechende Vorschrift hinzuweisen. Er bekam dafür einen Rüffel und wir durften bleiben. Als ich mich abends dann bei ihm bedankte sagte er nur »Wir sind Quitt«.

Ich konnte mich durch den Rest des Lehrganges erfolgreich durchbeissen und wurde zum Maat befördert. Gleichzeitig kam die Versetzung in die Chemische Untersuchungsstelle nach Stuttgart. Das Bundeswehrkrankenhaus Koblenz wäre optimal gewesen, um nur noch gut 120 Kilometer von Heila entfernt zu sein. In der Personalakte lag meine Heimat zwischen Mainz und Worms, da war Stuttgart eben auch heimatnah. Leider nur die falsche Himmelsrichtung. Somit lagen wieder 430 Kilometer zwischen uns.

Der neue Dienst war ein Kinderspiel im Vergleich zur Ausbildung. Da die Dienststelle zu 50:50 aus Soldaten und Zivilangestellten bestand, war die Dienstzeitregelung äußerst human. So gab es Gleitzeit, keinen Wachdienst und keinen Bereitschaftsdienst. Wir nannten die Dienststelle »Sanatorium«. Ich konnte während der Woche Überstunden aufbauen, die ich dann freitags ab mittags abbaute, indem ich mich auf den Weg zu Heila machte. Mit meinem ersten Auto waren das jeweils gut 860 Kilometer. Unsere Beziehung war diesen Aufwand wert. Zumal wir uns einig waren, dass Heila im darauffolgenden Jahr nach Beendigung ihrer Ausbildung zur Erzieherin, nach Stuttgart ziehen würde.

Wir zogen ins Remstal. Jedoch holte ich inzwischen die Mittlere Reife nach. Ich wollte meine reichlich vorhandene Freizeit in der Woche effektiv nutzen und mich bilden. Ich hatte von Montag bis Donnerstag jeden Abend von 18:00 bis 21:30 Uhr Unterricht.

Es war nicht leicht, eine Beziehung zu führen, wenn man sich unter der Woche praktisch nur zum Frühstück bzw. zum Abendbrot sieht. Aber wir waren ja fast zwei Jahre Schlimmeres gewohnt.

Nach drei Jahren hatte ich die Mittlere Reife in der Tasche und wir waren verheiratet. Wir wollten Kinder und zwar eine ganze Handballmannschaft. So scherzten wir ständig.

Heila wurde auch bald schwanger, verlor aber das Kind im 3. Monat. Es war ein schwerer Schlag für uns beide.

Nach der ärztlich auferlegten Pause wurde Heila direkt wieder schwanger. Unsere Freude war riesig, aber auch diese Schwangerschaft fand im dritten Monat ihr jähes Ende.

Mittlerweile war ich auf der Bundeswehr Fachschule in Ulm, um mein Fachabitur Wirtschaft zu machen. Ich fuhr bei der Nachricht sofort nach Hause, aber ein wirklicher Trost war ich für Heila nicht. Ich war zu sehr mit mir selbst beschäftigt. Ich hatte es nicht gelernt, mich in das Leid eines anderen Menschen hinein zu versetzen und ihm beizustehen.

In meiner Kindheit und Jugend war die instinktive Überlebensstrategie, mich um mich selbst zu kümmern. Hätte ich als Kind auch das Leid meiner Geschwister an mich heran gelassen, wäre ich wahrscheinlich durchgedreht.

Durch die Unteroffizierslaufbahn hatte ich mit meinem Freund Alexander meistens die gleichen Ausbildungsabschnitte und Standorte. Am Ende kam er ebenso wie ich nach Stuttgart. Hier wurde unsere Freundschaft erst richtig intensiv.

Alexander hatte im Wochenendurlaub mittlerweile eine Frau aus seiner Heimat kennen gelernt. Wir waren erst wenige Tage in Stuttgart, da erzählte er mir, dass seine Freundin schwanger sei. Alexander ist zwei Jahre jünger als ich und war damals gerade 19 Jahre geworden. Seine Freundin war noch ein Jahr jünger. Im Sommer 1984 heirateten die beiden, gegen meinen ausdrücklichen, freundschaftlichen Rat. Aber das sehr gläubige katholische Elternhaus der Freundin bestand auf die Hochzeit.

Sie zogen zusammen nach Stuttgart und im November wurde ihr Sohn geboren. Heila und ich hatten den Kleinen sehr schnell ins Herz geschlossen.

Alexander hatte ich während der Grundausbildung auf dramatische Art und Weise kennengelernt.

Während einer Schießausbildung der Kaserne in List war es bitter kalt. Es lag Schnee und auf dem Schießplatz gab es eine Baracke mit einem Ofen, die zu klein war für alle anwesenden Soldaten. Meine Abteilung musste vorerst draußen bleiben und warten, bis wir zum Schießen dran waren. Jedenfalls waren wir nach zwei Stunden gut durchgefroren und durften endlich in diese Baracke einrücken. Die Kameraden, die in der Baracke gewartet hatten, hatten sich ihre warmen Sachen teilweise ausgezogen. Es war durch den Ofen richtig toll warm.

Alexander lag auf dem Fußboden. Mit dem Rucksack als Kopfkissen und dem Parka als weicher Unterlage, hatte er es sich in der warmen Hütte gemütlich gemacht. Er machte keinerlei Anstalten, damit wir durchgefrorene Kameraden ein wärmendes Plätzchen finden konnten.

Bewußt unfreundlich forderte ich ihn auf, seinen Arsch auf die Seite zu bewegen. Er stellte lediglich fest, ich würde aussehen wie Clever, von Clever und Smart. Abgesehen davon, dass ich diese Comicfiguren nicht kannte, war das eine Beleidigung, zumal fast alle laut lachten. Das war mein Signal. Mit einem Satz saß ich auf Alexanders Bauch und meine Fäuste flogen in sein Gesicht. Sofort waren zwei oder drei andere Kameraden zur Stelle und beendeten das Schauspiel. Ein Hilfsausbilder machte Meldung beim Spieß und wir mussten abends beim Kompaniechef antreten.

Er ließ sich alles noch einmal aus unserer Sicht berichten. Wir versuchten natürlich den Vorgang herunter zu spielen. Als Unteroffiziersanwärter hatten wir beide Angst, dass uns die Aktion den Status kosten könnte. Der Kompaniechef belehrte uns über Kameradschaft und Vorbildfunktion und befahl, dass wir am Wochenende keinen Wochenendurlaub hätten, dafür müssten wir einen Abend ein Bier zusammen trinken.

Wir fanden das Ganze gar nicht gut. Wir hätten beide wachfrei gehabt und wollten nach Hause fahren. Das konnten wir vergessen. So trafen wir uns samstagabends im Mannschaftsheim auf ein Bier. Daraus wurde eine Freundschaft, die heute noch Bestand hat.

Alexander war Alleinverdiener und sein Unteroffiziersgehalt war nicht üppig. Davon eine dreiköpfige Familie zu ernähren und das auf dem Stuttgarter Preisniveau war jeden Monat ein Balanceakt. Er begann in einer Firma für Werksschutz nebenberuflich zu arbeiten. Zwei Nachtschichten zu je 12 Stunden pro Woche ging an seine physischen Grenzen. Zumal er in der Zeit auch nicht für seine Familie da sein konnte. Die Beziehung zerbrach nach kurzer Zeit und Alexanders Frau zog mit dem Kind zu ihren Eltern. Er absolvierte jetzt eine Berufsausbildung zum System- und Organisationsprogrammieren in Paderborn. Ich ging nach Ulm, um mein Fachabitur zu machen. Ich hatte nach dem Fachabitur 18 Monate Zeit, eine Ausbildung zu machen, die die Bundeswehr zum einen finanziert und zum anderen 75 % meines letzten Gehaltes weiter gezahlt hätte. Auf der Bundeswehrfachschule in Mainz war es möglich, mit dem Fachabitur Wirtschaft in nur einem Jahr die Ausbildung zum staatlich geprüften Betriebswirt zu absolvieren. Zwei Telefongespräche und alles war geregelt.

Mein Fachabitur hatte ich natürlich bestanden und war schon stolz ohne Ende. Nur acht Jahre zuvor hatte ich einen mittelmäßigen Hauptschulabschluss und einen Gesellenbrief als Bäcker. Jetzt hatte ich ein Staatsexamen als Krankenpfleger, das Fachabitur und mein Bildungsweg war noch nicht zu Ende.

»Geht nicht, gibt es nicht«, diese Lebenserfahrung prägt mich heute noch. Wenn man etwas wirklich erreichen möchte, dann findet man Mittel und Wege dazu. Ich bin mir sicher, dass ich diesen Weg nie hätte gehen können, wenn ich in meiner Heimat geblieben wäre. In der Fremde wurde ich nicht nach meinem Elternhaus beurteilt. Ich wurde als der Mensch wahrgenommen, der ich bin. Es spielte nie eine Rolle, ob mein Vater ein arbeitsloser Trinker war oder was auch immer. Bei der Bundeswehr zählten nur das Verhalten, die Disziplin und die Leistungsbereitschaft. Bei Fehlleistungen wurde man nicht gleich abgestempelt. Hier war Chancengleichheit geboten, die ich in unserem Bildungssystem sehr vermisse.

Ein Kamerad aus meiner Unteroffiziersausbildung kam aus einem Vorort von Mainz. Ein prima Kerl, der auch ohne Probleme seine Ausbildung zum Krankenpfleger und Unteroffizier absolvierte.

Jedenfalls lernte ich auf einem Seminar der Berufsgenossenschaft in Sachen Arbeitssicherheit den Hausmeister einer Schule kennen, der mit dem besagten Kameraden genau dort auch hingegangen war. An der Stelle bestätigt sich meine Theorie, dass ich diesen Weg zu Hause nicht hätte gehen können.

Der Hausmeister erzählte mir von der ja so schlimmen Familie meines Kameraden und davon, dass all seine Geschwister irgendwie kriminell seien, der Vater ein Trinker wäre und die Mutter es ihm gleich tun würde. Er war davon überzeugt, dass aus meinem Kameraden auch nichts Vernünftiges werden könne. Und genau an der Stelle hatte er sich geirrt. Jener machte seinen Weg und befreite sich ebenso wie ich aus der Umklammerung seines schlechten Elternhauses, schwamm sich frei und ging seinen Weg erfolgreich.

Wie gesagt: Geht nicht, gibt's nicht...

Warum ich schon früh den Wunsch hatte zur Marine gehen, um mich dort als Zeitsoldat zu verpflichten, kann ich nicht mehr sagen. Aber ich erinnere mich an eine Begebenheit während einer Karnevalsfeier. Ich traf dort einen jungen Mann, Jonas, aus unserem Dorf, der seit einiger Zeit Wehrpflichtiger bei der Marine war. Im Zivilberuf war er Matrose, er stammte aus einer Schifferfamilie, die ein Transportschiff auf dem Rhein hatten. Er erzählte mir von seiner Zeit bei der Marine, von den Fahrten zur See, von der Kameradschaft an Bord. Ich war begeistert und entschlossen, das auch zu tun. Ja, ich wollte zur See fahren und die Welt kennen lernen. Ich wollte wissen wie es ist, in einer verschworenen Gemeinschaft zu sein, in der man sich blind auf jeden verlassen konnte.

Bei der Lektüre eines Buches von Anselm Grün und Maria-M. Robben begriff ich meine Begeisterung. Unter dem Titel „Finde Deine Lebensspur. Die Wunden der Kindheit heilen – Spirituelle Impulse" wird beschrieben, wie sich das Verhältnis zwischen Eltern und Kindern auf die Entwicklung der Kinder und Kindeskinder auswirken kann: „Eine tiefe Vaterwunde entsteht immer auch dann, wenn der Vater willkürlich und unberechenbar ist. Wenn der Vater Alkoholiker ist, hat die ganze Familie oft Angst, sobald er heimkommt. Da genügt ein kleiner Anlass, dass der Vater alle anbrüllt oder willkürlich schlägt. Die Kinder haben Angst, dass er in seinem Jähzorn keine Grenze mehr kennt. Manchmal müssen sie auch erleben, wie der betrunkene Vater den Sohn fast totschlägt. Der Vater kann keinen Widerspruch ertragen und er kann es nicht aushalten, wenn der Sohn sich anders entwickelt, als er es sich vorstellt. Männer reagieren brutal auf jede kleine Kritik oder Infragestellung. Sie haben Angst, von ihrer Machtstellung entthront zu werden. So schlagen sie um sich und wollen damit ihre brüchige Autorität festigen. Wer solch einen willkürlichen und brutalen Vater erlebt hat, findet in sich keinen Halt. Er konnte sich ja nie an den Vater anlehnen. So sucht er sich seinen Halt entweder in einer starren Haltung, in klaren Prinzipien oder aber er geht haltlos durch das Leben und findet nie einen festen Grund, auf dem er stehen kann."

Vor allem der letzte Satz des Zitates trifft auf mich zu. Er trifft das unglaubliche Gefühl der Sicherheit und Geborgenheit, das ich von der ersten Minute an bei der Marine empfand. Es gab glasklare Regeln und Prinzipien und an die hatte sich jeder zu halten. Vom Matrosen bis zum Admiral. Jeder wurde an der Einhaltung dieser Prinzipien gemessen und beurteilt. Willkür, wie bis dahin täglich von meinem Vater erlebt, gab es nur noch in absoluten Ausnahmefällen. Und meist waren sie dann auch Bestandteil der Ausbildung und somit begründet. Plötzlich gab es Verlässlichkeit, Vertrauen und Berechenbarkeit in meinem Leben. Das war auch der Grund dafür, warum ich mich bei meinem Lehrmeister Ede so wohlgefühlt habe. Auch bei ihm gab es klare Regeln, Absprachen und Prinzipien. Und er war immer ein Vorbild in Bezug auf die Einhaltung dieser Regeln und Prinzipien. Umso deutlicher ist mir bewusst geworden, wie wichtig und vor allem auch heilend die Bäckerlehre bei Ede und die acht Jahre bei der Marine waren.

Rheinland

Während meiner Ausbildung zum Betriebswirt bekam ich über einen Dozenten Kontakt zu meinem späteren Arbeitgeber. Dieser suchte in Düsseldorf Mitarbeiter für die Verwaltung des Unternehmens. Ich schrieb eine Bewerbung, wurde zum Vorstellungsgespräch eingeladen und hatte den Job. Heila war begeistert davon, wieder ins Rheinland zu gehen. Sie fühlte sich in Süddeutschland nicht wohl, vermisste die Nähe zu ihrer Familie, was ich sehr gut verstehen konnte.

Wir zogen provisorisch zu Heilas Eltern. Ich fuhr täglich mit der Bahn nach Düsseldorf, fand nebenbei auch schnell eine Wohnung. Heila fand Arbeit als Erzieherin in einem Kindergarten und wurde zum dritten Mal schwanger. Eine Reihe fachärztliche Untersuchungen hatte uns überzeugt, dass keine organischen Ursachen für die bisherigen zwei Fehlgeburten vorlagen. Alle Befunde waren o.k. und der Arzt ermutigte uns, indem er versicherte, dass eine dritte Fehlgeburt unwahrscheinlich sei.

Trotz Prognose verlor Heila auch das dritte Kind. Das war die Katastrophe für unsere Beziehung. Ich zog mich in meine Trauerwelt zurück und stand nicht als Ansprechpartner für Heila zur Verfügung. Es muss grausam für sie gewesen sein. Sie konnte fortan nicht mehr mit fremden Kindern arbeiten. Wir haben lange ihre beruflichen Alternativen diskutiert. Ich schlug eine Zusatzausbildung zur Heilerziehungspflegerin vor. Sie konnte nicht. Sie hatte einfach keine Kraft und ich habe es nicht gesehen.

Heila begann in einem Floristengroßhandel im Verkauf und im Lager zu arbeiten. Mit unserer Ehe ging es bergab. Wir zogen uns immer mehr voneinander zurück, wobei ich dabei der schnellere und extremere Part war. Wir redeten nicht mehr viel miteinander, obwohl es genau das gewesen wäre, was meiner Frau geholfen hätte.

An einem Abend, an dem wir mal wieder schweigend nebeneinander auf dem Sofa saßen, fragte sie, ob wir uns nicht besser trennen sollten. Ich dachte nur kurz nach und antwortete stumpf mit »ja«. Ich wollte Heila nicht ganz verlieren. Ich hatte die Hoffnung, dass eine vorübergehende räumliche Trennung unsere Ehe evtl. wieder beleben könnte. Ich wollte die zehn Jahre mit ihr nicht einfach so aufgeben. Doch Heila begann zu meinem Entsetzen in ihrer Heimat nach einer Wohnung zu suchen und nicht in Düsseldorf.

Erst später ist mir klar geworden, dass ich alle Chancen gehabt hatte, mit Heila den schwierigen Weg zu meistern. Mein Herz war dafür einfach zu verschlossen und versteinert. Ich besuchte Heila noch zwei Mal, hin und wieder telefonierten wir, aber der Kontakt riss irgendwann im folgenden Jahr ab.

Beruflich lief alles hervorragend. Ich war mittlerweile zum Abteilungsleiter aufgestiegen und trug die Verantwortung für über 30 Mitarbeiterinnen und Mitarbeiter.

Ich lernte meine zweite Frau kennen. Wir waren uns sehr schnell einig, zogen zusammen, wollten heiraten und ein Kind bekommen. Es dauerte kein Jahr bis wir heirateten und 9 Monate später kam Paul zur Welt. Ich war der glücklichste Mensch der Welt! Ich hatte meinen Urlaubsanspruch, Überstunden und teilweise noch Resturlaub aus dem Vorjahr aufgehoben, um diese Zeit jetzt für meinen Neugeborenen und seine Mutter zu haben. Ich hatte 8 Wochen Urlaub und habe danach noch weitere 4 Wochen nur halbtags gearbeitet.

Jede freie Minute verbrachte ich mit meinem Sohn. Aber seiner Mutter ging es nicht gut. Sie quälte sich mit schlimmen Gedanken, weil Paul sehr unruhig war und er sehr viel schrie. Wir waren sehr oft beim Kinderarzt und die Diagnose war Dreimonatskolik. Die Medikamente halfen nicht. Paul schlief praktisch nur dann, wenn man ihn auf dem Arm durch die Wohnung trug oder während Spazierfahrten im Kinderwagen. Eine sehr anstrengende Zeit. Nach weiteren drei Monaten kam es zur Trennung.

Die ersten zwei Jahre nach der Trennung verbrachte Paul jedes Wochenende bei mir. Außerdem sah ich ihn montags- und donnerstags abends für einige Stunden. Über die Jahre hinweg entstand eine enge Bindung zwischen uns, die bis heute Bestand hat.

Nach der Ehe mit Pauls Mutter hatte ich in Beziehungen über Jahre weg kein glückliches Händchen mehr. Ich geriet an Frauen, die es mit der Treue nicht ernst meinten. Und ich geriet an Frauen, die die Worte »Ich liebe Dich« mehr auf mein Cabrio, die teueren gemeinsamen Urlaubsziele und auf mein Bankkonto bezogen, als auf meine Person. Ich heiratete ein drittes Mal. Diese Ehe dauerte aber nicht mal zwei Jahre.

Mit Beginn meiner Tätigkeit als Autor dieses Buches leitete ich eine Art Selbsttherapie ein. Diese brachte mich mit der Unterstützung verschiedener Therapeuten und Coachs an die Punkte meiner Seele, die verletzt und gebrochen waren. Und damit konnten sie ausheilen.

Jetzt habe ich mit Franziska eine Frau an meiner Seite, die mir täglich zeigt, dass ich als Mensch mit all meinen Ecken und Kanten liebenswert bin. Sie gibt mir das Gefühl, nicht mehr davon laufen zu müssen. Endlich kenne ich das beruhigende Gefühl zu wissen, dass ich bedingungslos geliebt werde und vor allem, dass auch ich bedingungslos lieben kann, ohne Angst davor haben zu müssen. Dafür bin ich ihr unendlich dankbar!

Nach meiner Ausbildung zum Betriebswirt bekam ich direkt einen Job in Düsseldorf, bei einer der weltweit größten Wirtschaftsprüfungs- und Steuerberatungsgesellschaften. Ich begann als stellvertretender Abteilungsleiter. Zusammen mit dem Abteilungsleiter und der 30 Mitarbeiterinnen und den 6 Mitarbeitern der dazu gehörenden Druckerei war ich verantwortlich für die Koordination der schreib- und drucktechnischen Erstellung von jährlich gut 2.500 Prüfberichten zu Jahres- und Konzernabschlüssen sowie Gutachten. Die erste Zeit war für mich sehr schwer. Ich war es bei der Bundeswehr gewohnt, dass mein Wort als Vorgesetzter ein bedingungsloser Befehl war. Jetzt war ich mit einem starken Betriebsrat und vor allem mit Mitarbeitern konfrontiert, die teilweise mehrere Jahrzehnte Berufserfahrung hatten.

Das bot Konfliktstoff. Wir rauften uns zusammen und nach einem halben Jahr hatten wir uns aufeinander eingespielt. Ein Vertrauensverhältnis hatte sich gebildet. Ich lernte, dass es kein Weltuntergang war, eine Fehlentscheidung zu treffen und diese wieder zu revidieren. Ich lernte, dass die Mitarbeiter dies auch als Größe verstehen und wissen, dass auch ein Vorgesetzter nur ein Mensch und somit fehlbar ist. Einige Monate später wurde mein Abteilungsleiter und Vorgesetzter wegen Unterschlagung entlassen. Als kommissarischer Abteilungsleiter hatte ich jetzt die volle Verantwortung für das Arbeitsergebnis von 36 Leuten. Dies belastete mich schwer, denn die Arbeit, die in meiner Abteilung gemacht wurde, war sozusagen die Visitenkarte des Unternehmens.

Unsere Prüfberichte und Gutachten wurden an die Aufsichtsräte, Vorstände und Geschäftsführungen der geprüften Unternehmen geliefert. Fehler in diesen Dokumenten führten immer zu Beschwerden auf höchster Ebene. Ich lernte mit diesem Druck umzugehen, zumal ich die Qualitätskontrolle ausgebaut hatte und dadurch die Fehlerquote deutlich reduzieren konnte. Neue Verantwortungsbereiche wurden mir übergeben. Beförderung zum Abteilungsleiter, drei Jahre später Verwaltungsleiter und weitere zwei Jahre später Leiter Office Service. Dieser große Verantwortungsbereich wurde mit der Erteilung der Prokura dokumentiert und auch honoriert. Ein unglaublicher Karrieresprung, den ich mir noch wenige Jahre vorher nicht hätte vorstellen können. Ich war jetzt Prokurist einer weltweit tätigen Aktiengesellschaft.

In den folgenden Jahren etablierte ich mich immer besser und hatte die Ehre, sehr große außergewöhnliche Projekte zu managen. Als das Unternehmen mit dem bisherigen englischen Partnerunternehmen fusionierte, übernahmen die Engländer auch die Verantwortung für meinen Aufgabenbereich. Umstrukturierungen zeichneten sich ab, mein Entschluss reifte, mich zu verändern. Ich war seit 15 Jahren im Unternehmen, 43 Jahre alt und wusste, wenn ich mich noch einmal verändern wollte, dann jetzt. Ich besprach mich mit den neuen Vorgesetzten und wir fanden eine für beide Seiten zufriedenstellende Lösung.

Regenbogenland

Ich orientierte mich neu, schrieb Bewerbungen. Ich hatte mich nicht auf eine bestimmte Branche festgelegt. Zumal ich 15 Monate Zeit hatte, mir etwas Neues zu suchen. In Düsseldorf gab es seit 2 Jahren ein Kinderhospiz. Ich kannte es aus den in der Regel sehr negativen Zeitungsberichten. Die Leiterin, Gründerin und Initiatorin des Kinderhospizes hatte keinen guten Ruf. Für dieses Kinderhospiz wurde per Zeitungsannonce ein Geschäftsführer gesucht. Die Stellenausschreibung war wie für mich geschrieben. Es wurde jemand gesucht, der Erfahrung in der Krankenpflege, im Management und der Personalführung hatte. Im Vorfeld zum Vorstellungsgespräch informierte ich mich sehr genau über die Berichterstattung der Vergangenheit und versuchte, mich über deren Hintergründe genauer zu informieren.

Vor der Bewerbung hatte ich mächtig weiche Knie. Nicht vor dem Gespräch an sich, aber ich hatte ein mulmiges Gefühl, weil es ein Kinderhospiz war. Ein Ort, an dem Kinder sterben. Ein schwer vorstellbarer Zustand. Aber irgendwie faszinierte mich diese Einrichtung.

Im Kinderhospiz Regenbogenland empfingen mich zwei sehr nette Damen. Die eine war die Mutter, die andere die Schwester der Initiatorin. Ich wurde in ihr Büro geführt und die Schwester war bei unserem Gespräch wortlos anwesend. Nach einiger Zeit wurde sie mir vorgestellt und ich bekam erläutert, welche Aufgaben sie im Hause hatte.

Unser Gespräch war angenehm und harmonisch. Ich wurde tiefgründig in die Theorie, Intentionen und Probleme der Kinderhospizarbeit eingeführt und bekam die

Hintergründe der schlechten Presse erläutert. Ich hatte schon gespürt, dass die in der Öffentlichkeit diskutierten Probleme nicht alleine in der Verantwortung dieser Frau liegen konnten. Es musste noch etwas anderes geben.

Zum Ende des Gespräches wurde ich durch das Haus geführt. Ich hatte im Vorfeld Bilder im Kopf gehabt, die völlig widerlegt wurden. Ich fand vor allem auf der Pflegestation des Hauses eine Wärme, Herzlichkeit, Fröhlichkeit und Unbeschwertheit vor, die ich nie erwartet hätte. Dort lagen schwerstkranke Kinder, deren Lebensende bevorstand und trotzdem war dort Musik, die Kinder wurden in Schaukeln bespaßt oder saßen in ihren Rollstühlen auf der Terrasse und genossen das schöne Wetter. Ich war so beeindruckt, dass ich mich bereits innerlich entschieden hatte, diesen Job haben zu wollen.

Die Vergütung war bei weitem nicht das, was ich gewohnt war, aber das war mir nicht so wichtig. Ich wollte diesen Job machen, wollte mich für dieses wichtige Haus engagieren und dafür sorgen, dass es in der Öffentlichkeit zu dem guten Ruf kam, den es verdient hatte. Ab Mai arbeitete ich halbtags ehrenamtlich und ab Juni wurde ich offiziell Geschäftsführer des Kinderhospizes. Meine Ernennung zum Geschäftsführer wurde in der Presse sehr wohlwollend aufgenommen.

Die ersten Wochen und Monate waren nicht einfach. Zum Einen war ich nun mit einer Materie konfrontiert, die in meinem bisherigen leben keine Rolle gespielt hatte und zum Anderen schlug mir eine Front des Misstrauens unter den Mitarbeitern entgegen, mit der ich nicht gerechnet hatte. Das Misstrauen mir gegenüber, aber auch untereinander in der Belegschaft war erschütternd. Ich musste vertrauensbildende Maßnahmen treffen.

Im August wurde ich das erste Mal mit einem akut sterbenden Kind konfrontiert. Die Eltern des 10 Monate alten Lenny kamen über den ambulanten Kinderhospizdienst zu uns und hatten schon eine Odyssee durch diverse Kinderkliniken hinter sich. Sie wussten, dass ihr Sohn sterben müsse. Da sie sich dies aber in der eigenen häuslichen Umgebung nicht zutrauten, entschlossen sie sich, zu uns zu kommen. Lenny hatte, bedingt durch einen vorgeburtlichen operativen Eingriff, einen unheilbaren Lungenschaden.

Der Kleine wuchs uns allen in den wenigen Wochen ans Herz. Die großen blauen Augen und das fröhliche Lachen dieses Kindes. Ende August starb Lennox. Ich war in den frühen Morgenstunden dabei. Nachdem wir alle den ersten Schock überwunden hatten, gab mir der Vater des Kleinen die Anziehsachen, die Lennox auf seinem letzten Weg tragen sollte. Er gab mir CD's mit Musik, die der Junge gerne hörte und bat mich, sie aufzulegen. Zusammen mit der Pflegedienstleitung wusch ich Lennox und zog ihm die Sachen an. Dabei lief im Hintergrund die Lieblingsmusik von Lennox und ich hatte das Gefühl, die Welt sei leer. Ein kleiner unschuldiger Junge, kein Jahr alt, liegt friedlich wie schlafend vor einem. Das kleine Körperchen ist leblos und mittlerweile ausgekühlt. Ich war wie betäubt und hatte trotzdem das Gefühl, innerlich zu zerbrechen.

Zum ersten Mal in meinem Leben war mir hautnah die Ungerechtigkeit eines sterbenden Kindes bewusst geworden. Meine Mitarbeiter hatten vorher mit den Eltern den Ablauf besprochen, hatten auch schon ein Gespräch mit dem Bestattungsinstitut gehabt. Auch das gehört zur Familien- und Trauerbegleitung und ist ein wichtiger Baustein derselben. Am frühen Nachmittag wurde Lennox abgeholt, wie die Eltern es wollten. Zum Transport hatten die Eltern sich für ein Weidenkörbchen entschieden. Die Mitarbeiter des Beerdigungsinstituts stellten das Körbchen auf Lennox' Bett. Sein Vater war nicht in der Lage, Lennox in das Weidenkörbchen zu betten. Ich hob Lennox an, wie man ein schlafendes Kind anhebt. Die Leichenstarre hatte schon eingesetzt und er war ganz steif. In diesem Moment dachte ich, mir würde die Kraft in den Beinen versagen. Ich musste stark sein. Ich legte Lennox in das Körbchen, legte ihm sein Lieblingskuscheltier in den Arm und deckte ihn mit einem Seidentuch in Regenbogenfarben zu. Dann legte ich den Deckel auf das Körbchen und gab das Körbchen dem Vater in den Arm. Er trug das Körbchen zum Ausgang des Kinderhospizes und übergab es dem Mitarbeiter des Beerdigungsinstituts.

Das war meine erste hautnahe Konfrontation mit der wesentlichen Aufgabe eines Kinderhospizes. Aber es waren andere Bereiche, denen ich mich intensiv widmen wollte. Erstens der Stimmung innerhalb der Belegschaft und zweitens der Außendarstellung des Hauses. Die Belegschaft lud ich zu einem Betriebsausflug ein. Ich arrangierte in meinem Golfclub einen Schnupperkurs. Wir verbrachten zwar einen verregneten Tag auf dem Golfplatz, aber alle hatten Spaß daran und wir kamen uns alle näher. Die Stimmung war danach deutlich gehoben, was mich sehr zuversichtlich machte. Die Kosten für diesen Betriebsausflug habe ich aus eigener Tasche bezahlt. Aber das war es mir wert.

Bald organisierte ich zusammen mit einer Mitarbeiterin sogenannte Teamtage. Wir holten zwei Trainer und mieteten einen Seminarraum in meinem Golfclub. Mit den Trainern wurden die vorhandenen Probleme innerhalb der Belegschaft besprochen und ein Trainingsprogramm entwickelt, um die Zwietracht zwischen den Abteilungen und innerhalb der Belegschaft zu beseitigen.

Es war ein Schritt, der vielen Mitarbeiterinnen und Mitarbeitern schwer fiel. Die Verletzungen der Vergangenheit hatten in der Belegschaft tiefe Wunden hinterlassen und mussten aufgearbeitet werden. Aber nahezu alle waren bereit dazu. Ich hatte es geschafft, dass diese Teamtage über Zuschüsse der IHK finanziert wurden und keinerlei Kosten für das Kinderhospiz entstanden sind. Der Erfolg der Teamtage spiegelte sich deutlich in der Stimmung der Belegschaft. Es wurde wieder miteinander statt übereinander gesprochen. Die einzelnen Abteilungen arbeiteten wieder zusammen anstatt gegeneinander. Den Wunsch, weitere Teamtage zu machen, nahm ich natürlich gerne an und setzte ihn um. Dies kam auch der Außendarstellung zugute. Der Umgang der Mitarbeiter mit den Gästen und den Besuchern hatte eine sehr positive Wirkung und die Gäste fühlten sich geborgen und gut aufgehoben.

Mein zweiter Schwerpunkt lag auf der Öffentlichkeitsarbeit. Ich wollte das Haus wieder ins rechte Licht rücken. Ich gab Interviews bei Zeitungen, Radio- und Fernsehsendern. Wir gingen in die Kinderkrankenhäuser, zu Kinderarztkongressen, hielten Vorträge und stellten unser Leistungsspektrum vor. Vor allem öffneten wir das Haus für alle Besucher und veranstalteten einen Tag der offenen Tür. Das mag sich für ein Kinderhospiz ungewöhnlich anhören, aber der Erfolg gab uns recht.

Zum Tag der offenen Tür kamen gut 800 Menschen, um sich zu informieren und um zu sehen, wie wir arbeiten. Wir holten die Palliativmediziner des Klinikums an unseren Tisch, um die Möglichkeit der Kooperation zu besprechen. Eines war mir klar geworden. Die Kinderkrankenhäuser brauchten uns dann, wenn sie mit ihren Möglichkeiten am Ende waren und wir brauchten die Kinderkliniken, um unseren Bedarf an ehrenamtlich mitarbeitenden Kinder-Palliativmedizinern zu decken. Vor allem brauchten die Familien dieser so schwer kranken Kinder unsere Kooperation.

Wir waren sehr erfolgreich mit unserem Konzept. Die Akzeptanz in der Bevölkerung ließ sich an den wieder steigenden Spendeneinnahmen ablesen und die Akzeptanz der betroffenen Familien zeigte sich durch deutlich steigende Belegungszahlen.

So kam der kleine Johannes im Alter von zwei Jahren zu uns. Das erste Gespräch mit seinen Eltern war emotional sehr tiefgreifend. Die Geschichte der Kindheit des Vaters von Johannes ähnelte sehr meiner eigenen. Auch seine Kindheit war durch die Lieblosigkeit und Gewalt des Vaters geprägt. Er wollte, dass seine Kinder ein Leben ohne Leid und Pein haben.

Der nach einer gesunden Tochter geborene Johannes war schwer krank. Von der ersten Minute seines Lebens an schrie Johannes. Durch sehr kurze, oft nur wenige Minuten dauernde Schlafphasen unterbrochen, schrie und jammerte Johannes herzzerreißend. Die Familie hatte sich fast zwei Jahre lang allein um Johannes gekümmert. Die Ärzte wussten keinen Rat und hatten auch keine Diagnose für das Krankheitsbild von Johannes. Niemand wusste, ob sich jemals etwas ändern würde. Zuhause hatte sich die Familie so organisiert, dass es einen schallisolierten Raum gab, in dem die Familienmitglieder abwechselnd die Nächte verbrachten und so Ruhe vor dem Geschrei des Kindes fanden. Selbst die im Grundschulalter befindliche Schwester war in die 24-stündige Pflege eingebunden.

Mein eigener Sohn schrie die ersten fünf Monate seines Lebens auch fast ununterbrochen. Daher konnte ich nachvollziehen, was diese Familie durchgemacht hatte. Wir nahmen Johannes zur Kurzzeitpflege bei uns auf und ermöglichten damit der Mutter und Schwester, eine Mutter-Kind-Kur zu machen. Der Vater ging weiter seiner Arbeit nach und nutzte die Zeit, um nachts durchzuschlafen und wieder in einen normalen Tag-Nacht-Rhythmus zu kommen.

Mich bewegte diese Familiengeschichte so tief, weil beim Vater von Johannes so viele Parallelen zu meiner Kindheit waren. Er wünschte sich nichts sehnlicher, als eine eigene intakte Familie. Er und seine Frau liebten sich sehr, sonst hätte die Ehe der Belastung durch Johannes Krankheit nicht standgehalten. Ich sprach oft mit unserem Seelsorger und erbat von ihm Antworten, die er mir nicht geben konnte. Während Johannes mehrwöchigen Aufenthaltes bei uns führten ich und die Mitglieder des Familienbegleiterteams viele schwere und emotionale Gespräche mit den Eltern von Johannes. Wie konnte es mit Johannes weiter gehen? Er konnte nicht im Kinderhospiz bleiben, würde aber auch über kurz oder lang das Familienleben zerstören. Das klingt hart, aber so war die Situation.

Die Entscheidung für die Familie und damit gegen Johannes oder für Johannes und damit gegen den Rest der Familie war für die Eltern unmenschlich. Sie liebten ihren Sohn über alles und wussten instinktiv, dass sie sich gegen ihn entscheiden mussten, wenn sie den Rest der Familie vor dem auseinander brechen retten wollten. Sie rangen weitere Wochen damit, Johannes in ihr Familienleben zu integrieren, aber dann kamen immer wieder die gleichen Erschöpfungszustände zutage. Unser Familienbegleiterteam suchte also zusammen mit den Eltern ein Pflegeheim, in das Johannes einzog.

Ein weiterer Fall, bei dem es Parallelen der Eltern zu meiner Kindheit gab, war Lukas. Er war, als ich im Kinderhospiz die Verantwortung übernahm, schon fast ein halbes Jahr dort. Von einer aggressiven Form einer genetisch bedingten Muskelerkrankung an den Rollstuhl gebunden, lernte ich Lukas als einen aufgeweckten und pfiffigen neunjährigen Jungen kennen. Er besuchte eine Schule für körperbehinderte Kinder, und das mit recht gutem Erfolg. Er hat einen gesunden Zwillingsbruder, zwei ältere und ein jüngeres Geschwister mit der alleinerziehenden Mutter.

Mit dieser schweren Aufgabe war sie überfordert und das Jugendamt entschied, Lukas zu uns zu geben. Er hatte sich mit einem Leben im Kinderhospiz arrangiert. Morgens holte ihn ein Schulfahrdienst ab und am frühen Nachmittag kam er wieder. Seine Betreuung durch die Kinderkrankenschwestern war sichergestellt, jedoch erkannte ich bald, dass das Team mit dieser Aufgabe überfordert war.

In partnerschaftlichen Gesprächen mit dem Jugendamt und den Versorgungsträgern entwickelten wir ein Betreuungsmodell für Lukas. Wir stellten eine sozialpädagogisch ausgebildete Mitarbeiterin ein, die im Bereich der Jugendhilfe große Erfahrung aufweisen konnte. Schließlich hatte Lukas keinen einfachen familiären Hintergrund. Dies spiegelte sich in seinem Verhalten.

Vor allem suchte ich den Kontakt zu seiner Mutter, der seit Monaten abgebrochen war. Zwar besucht Lukas hin und wieder seine Mutter am Wochenende zuhause, aber einen Austausch zwischen seiner Mutter und uns gab es nicht. Lukas' Zustand nach den Wochenendbesuchen bei seiner Mutter war immer sehr besorgniserregend. Oft kam er körperlich vernachlässigt und übernächtigt zurück.

Die Mutter war sehr gegen unsere Einrichtung eingenommen. Sie gab uns die Mitschuld, dass ihr das Jugendamt den Sohn weggenommen hatte. In vielen Gesprächen mit unserem Familienbegleiterteam konnte Vertrauen aufgebaut werden und in sehr kleinen und zaghaften Schritten haben wir es geschafft, alle an einen Tisch zu bringen. Jugendamt, Versorgungsträger, Familienbegleiterteam, Lukas und mich als Leiter der Einrichtung.

Diese ersten sogenannten Hilfeplangespräche waren sehr schwierig, weil die Atmosphäre durch die Vergangenheit gestört war. Aber ich konnte Lukas' Mutter vom ersten Moment an verstehen. Ich habe in ihren Augen, in ihrer Körpersprache und ihrer Gestik all das gesehen, was ich und meine Geschwister selbst auch erlebt und erlitten haben: Gewalt und sexuellen Missbrauch.

In späteren Gesprächen zwischen dem Familienbegleiterteam und ihr haben sich dann meine Wahrnehmungen bewahrheitet. Sie wollte ihren Kindern das Paradies auf Erden schenken, hat sich damit aber selbst maßlos überfordert. Die verschiedenen Väter ihrer Kinder waren auch nicht die richtige Auswahl für ihr ambitioniertes Vorhaben der Gestaltung einer heilen, von Liebe, Respekt und Vertrauen geprägten Familienidylle. Sie haben sich immer rasch aus der Verantwortung gezogen. Somit hatte diese Frau fünf Kinder im Alter zwischen einem und 17 Jahren.

Und eines dieser Kinder war so krank, dass es auf den Rollstuhl angewiesen war. Ich habe gleich in dieser Frau meine eigene Mutter gesehen und sie hatte vom ersten Moment an all mein Verständnis, meine Unterstützung und Fürsprache. Ihre Menschenkenntnis und ihre Intuition haben sie schnell spüren lassen, dass ich auf ihrer Seite stehe und im Sinne von Lukas handeln würde.

Die Gespräche zeigten Wirkung und es gelang uns, einen Besuchsplan aufzustellen. Abwechselnd sollte Lukas an den Wochenenden nach Hause gehen und seine Familie in unsere Einrichtung kommen, um mit Lukas die Zeit zu verbringen. Das funktionierte auch nach einer Eingewöhnungszeit. An manchen Wochenenden kamen nur Lukas' Zwillingsbruder und sein älterer 17-jähriger Bruder. Die drei Jungs waren ein unglaublich tolles Team. Ich habe fast immer etwas mit ihnen unternommen und habe dazu auch meinen Sohn mitgenommen, der sich immer sehr auf die Jungs freute.

Dieser ältere Bruder war bemerkenswert. Er war sehr unzufrieden, dass die Mutter oft Besuch von fremden Männern hatte. Es wurde viel Alkohol getrunken und Drogen genommen. Einmal war ein Mann wohl sehr bestimmend. Der Junge äußerte, dass er ihm gar nichts zu sagen habe. Er wäre ja schließlich nur ein Gast und, wenn er sich nicht benehmen würde, könne er gehen. Seine Mutter ergriff die Partei des Mannes und sagte: „Bevor dieser Mann geht, gehst Du." Das traf ihn tief und von dem Tag an suchte er sich eine Pflegefamilie. Ein damals 16 jähriger Junge sucht sich selbst eine Pflegefamilie. Er wurde schnell im Freundeskreis fündig, klärte die Formalitäten mit dem Jugendamt und zog zuhause aus. Auch hier sah ich Parallelen zu meinem Leben.

Der Junge war intelligent und psychisch stark, hatte soziale Kompetenz und nahm sehr früh sein Leben in die Hand. Er war ein guter Gymnasiast, mit dem Ziel ein Top-Abitur zu machen, um Jura zu studieren, und Anwalt im Interesse von Kindern zu werden.

An einem Sonntag bei herrlichem Wetter bin ich mit den Jungs und meinem Sohn zum Flughafen gefahren. Wir sind auf die Aussichtsplattform des Flughafens gegangen und haben uns das Treiben auf dem Flughafen angesehen. Während dessen erzählten die Jungs von ihrem gemeinsamen Traum, fliegen zu wollen. Was für meinen Sohn seit vielen Jahren auf Urlaubsreisen selbstverständlich war, hatten diese Jungs noch nie erlebt. Aber da hatte ich auch schon eine Idee.

Wenige Wochen zuvor hatte ich im Rahmen einer Spendenaktion einen Hobby-Piloten kennengelernt. Er erzählte mir, dass er auf einem Flughafen in der Nähe eine restaurierte Militärmaschine stehen habe. Er wollte gerne mal einen Rundflug mit einem Hospizkind machen. Die Maschine hatte vier Sitze, er konnte also drei Passagiere mitnehmen. Optimal! Der zehnte Geburtstag der Zwillinge stand an.

Gesagt, getan. Ich telefonierte mit dem spendablen Piloten. Der war von der Idee begeistert. Jetzt musste nur noch das Wetter am Geburtstags-Wochenende mitspielen und alles wäre perfekt. Petrus spielte mit. Lukas hatte zu seinem Geburtstag fast alle seiner Klassenkameraden eingeladen und die Kinderkrankenschwestern hatten eine tolle Geburtstagsparty organisiert. Noch bevor die Gäste kamen, gab es die ganz besondere Überraschung für Lukas und seine Brüder. Einen Rundflug!

Leider musste Lukas' älterer Bruder die Teilnahme am Rundflug wegen eines Schulreferates absagen. Mein Sohn, als einer der Geburtstagsgäste von Lukas, sollte er an Stelle des Bruders mitkommen. Ich fuhr also mit dem Behindertenbus des Hospizes und den Jungs zum Flughafen. Auf der Fahrt dorthin lüftete ich das Geheimnis. Die beiden Zwillinge haben es erst nicht glauben können, und als ich mehrmals die Wahrheit der Überraschung bestätigt hatte, brach lauthals Freudengeschrei aus. Mir trieb es die Tränen in die Augen und ich wusste einmal wieder, dass ich einen der schwierigsten und schönsten Jobs der Welt hatte.

Am Flughafen angekommen, wartete die Presse auf uns. Natürlich hatten wir im Vorfeld alle Register gezogen. Wir hatten dafür gesorgt, dass die Aktion für das Kinderhospiz werbewirksam veröffentlicht wird, damit sich möglichst viele Nachahmer und Spender finden sollten. Die Reporter befragten Lukas über seine Situation im Kinderhospiz usw. Aber er war so aufgeregt, dass er nur noch zum Flugzeug wollte.

Wir gingen mit den Reportern und Fotografen zum Flugzeug. Dort wurden Bilder gemacht und Lukas hatte natürlich den Ehrenplatz neben dem Piloten. Er bekam Kopfhörer auf und durfte sich mit einem unvergesslichen Glanz in den Augen als Copilot fühlen. Sein Zwillingsbruder und mein Sohn nahmen auf der Rückbank platz. Der Pilot gab den Jungs noch Sicherheitshinweise und dann wurde der Motor angelassen und es ging los. Der Rundflug sollte eine knappe Stunde dauern. In der Zeit gab ich ein ausführliches Interview und berichtete über die Arbeit des Kinderhospizes.

Als das Flugzeug wieder am Boden war, waren die Jungs überwältigt von den Eindrücken des Fluges. Sie waren sogar über dem Kinderhospiz gekreist und haben dies von oben sehen können. Zwar habe ich sehr bedauert, dass der ältere Bruder von Lukas nicht dabei sein konnte, aber wir alle werden diesen Tag nie vergessen. Zurück im Kinderhospiz war der frischgebackene Copilot natürlich der Held des Tages und es wurde noch eine rauschende Geburtstagsparty gefeiert. Die Berichterstattung in der Presse einige Tage später hatte sehr positive Resonanz und Lukas war stolz über sein Bild als Copilot in der Zeitung.

Einen negativen Beigeschmack hatte die Aktion einige Tage später. Da mein Sohn mit auf den Pressefotos war, leiteten meine Vorgesetzten ein Verfahren wegen Vorteilsnahme gegen mich ein. Ich sollte mich schuldig gemacht haben, weil mein Sohn mitgeflogen war. Da Lukas aber bestätigen konnte, dass mein Sohn sein Gast war wurde die Angelegenheit als erledigt angesehen. Trotzdem war ich sehr enttäuscht.

Später habe ich mich in einer Familienaufstellung nach Bernd Hellinger meinen Vaterwunden gestellt, mir diese angesehen und verarbeitet. Heute habe ich gelernt mit ihnen zu leben und habe meine eigene Lebensspur gefunden.

In dem schon zitierten Buch heißt es dazu:

„Die Vaterwunde kann ... auch zu einer Chance werden. Wer sich mit diesem Aspekt seiner Biographie ausgesöhnt hat, wird nicht zum autoritären Führer, der nur auf den Tisch schlägt, um anderen seinen Willen aufzuzwingen. Er wird behutsam führen und auch auf die Schwächeren hören. Er wird niemanden mit seinem Anliegen übersehen. Aber er muss um seine Gefährdung wissen, Konflikten auszuweichen und Entscheidungen vor sich herzuschieben. Entscheidend ist, dass er nicht gegen seine Vaterwunde kämpft und lebt, sondern mit ihr. Dann wird auch er gerade hier seinen ganz besonderen Weg entdecken. Er wird seine Sehnsucht nach dem Vater leben, indem er für andere zum Vater wird. Auf diese Weise kommt er mit den positiven Wurzeln seines Vaters in Berührung. Es liegt an uns ... ob unsere Vaterwunde zur Chance wird, ob wir in ihr unser Charisma, unsere Lebensaufgabe, unsere Lebensspur erkennen. Dann werden wir im Frieden mit unserer Vaterwunde leben und unsere Spur wird nicht nur in uns, sondern auch in anderen Menschen Leben wecken."

Der Aspekt die Sehnsucht nach dem Vater zu leben, indem ich für andere zum Vater wurde, erklärt die berufliche Erfüllung, die ich als Geschäftsführer eines Kinderhospizes erfahren durfte. Das einjährige Wirken mit und für unheilbar Kranke und zum Sterben verdammte Kinder hat mir mehr seelische Befriedigung gegeben, als alles vorher. Es war zwar oft psychisch sehr belastend, mit sterbenden Kindern und Angehörigen umzugehen. Die Menge an Leid, Trauer und Schmerz waren für mich oft kaum zu ertragen. Trotzdem hat es mir sehr gut getan, mich täglich von neuem für diese Menschen wie ein Vater einzusetzen. Ich bin sehr dankbar für diese Zeit und die Einblicke, die ich nehmen durfte. Vieles, was mir bis dahin wichtig und von Wert war, hat sich dadurch relativiert oder ist vollkommen unwichtig geworden. Ich habe gesehen und miterlebt, wie Menschen ihr Kind gehen, ja, sterben lassen müssen. Seither sehe ich in jedem Moment, den ich mit meinem Sohn verbringen kann, als ein Geschenk. Ich weiss, dass es verwaiste Eltern gibt, die alles für noch einen unbeschwerten Moment mit ihrem Kind geben würden.

Wir bekamen in der Folgezeit viele Angebote von Sportvereinen. Beispielsweise waren wir mit mehreren Jungs des Kinderhospizes als V.I.P. bei Eishockeyspielen in Duisburg, bei Fußballspielen in Dortmund und einmal auch bei einem Fußballspiel auf Schalke. Dort waren die Jungs sogar nach dem Spiel noch mit der Mannschaft bei der Pressekonferenz und zum Essen eingeladen. Einige Tage danach kam die Ehefrau des Aufsichtsratsvorsitzenden von Schalke 04 ins Kinderhospiz und hat Geschenke mitgebracht und weitere Events und Unterstützung zugesagt.

Im Juni 2008 wurde ich fristlos von meinen Pflichten als Geschäftsführer entbunden und ein alter Parteifreund der Vorstände wurde installiert. Seilschaften und Intrigen waren wichtiger als berufliche Kompetenz. Ich war nur ein gutes Jahr im Kinderhospiz verantwortlich. Aber ich habe in dieser Zeit mehr Sinnvolles getan, als in meiner ganzen bisherigen Laufbahn. Ich habe auch sehr viel bekommen. Mir ist noch deutlicher geworden, welch hohes Gut die Gesundheit ist. Vor allem im Blick auf unsere Kinder. Ich durfte Kinder und junge Menschen kennen lernen, die mit unglaublicher Kraft und Würde ihrer Krankheit die Stirn boten, die ihren Traum vom Gesundwerden nie aufgaben. Sie zeigten mir, dass es Wichtigeres im Leben gibt, als materiellen Reichtum. Und ich habe gesehen, dass sich Schicksale innerhalb von Familien wiederholen. Das kannte ich aus eigener Erfahrung, aber in dieser Zeit habe ich zu der Überzeugung gefunden, dass sich durch die seelische Verbundenheit mit anderen Menschen, Schicksale fortschreiben.

Epilog

Dieses Buch beschäftigt mich seit mehr als zwanzig Jahren. Bei Treffen kam der Plan immer wieder auf. Alle Geschwister träumten davon, auf eine einsame Insel zurückgezogen die gemeinsame Lebensgeschichte aufzuschreiben. Natürlich war das nicht realisierbar.

In einem Coaching-Seminar hatte ich die Absicht geäußert, ein Buch zu schreiben. Der Trainer fragte mich damals in einem Vieraugengespräch nach dem geplanten Inhalt des Buches und ich erzählte ihm in Stichpunkten von meinem Plan. Er gab mir die Aufgabe, den Versuch zu machen die Verhaltensweisen meines Vaters, wenn auch nur annähernd, zu verstehen und nachzuvollziehen. Dies sollte geschehen, indem ich einen Brief verfasste, wie ihn Vater heute an mich schreiben würde.

Im Sommer 2006 begann ich dann dieses Buch. Während der Recherchen, die ich vor allem in Form von Gesprächen mit meinen Geschwistern angestellt habe, hat sich heraus gestellt, dass diese Geschichte auch veröffentlicht werden muss. Weniger zu dem Zweck Aufmerksamkeit, Mitleid oder Betroffenheit zu wecken. Nein, vielmehr um anderen Menschen, die ähnliches Leid erleben und ertragen mussten, zu zeigen, dass sie nicht alleine mit ihrem Problem sind.

Manchmal habe ich mich Monate lang gar nicht damit beschäftigt, dann wieder wochenlang jede freie Minute. Es war nicht immer leicht, mich den oft schwierigen und mit viel Wut, Trauer und Scham besetzten Themen zu stellen, sie ganz in mein Bewusstsein zu lassen. Es kostete mich viele Tränen und natürlich auch Kraft. Aber der Reinigungsprozess war spürbar und tat mir sehr gut.

Ich möchte keinesfalls die Täter schützen. Nein, ich möchte deren Familien, Angehörige und Freunde schützen. In diesem Punkt gehen die Meinungen zwischen uns Geschwistern weit auseinander. Das liegt auch daran, dass uns in sehr unterschiedlichem Maße Leid angetan wurde und deshalb das Sinnen nach Genugtuung oder Rache bei uns unterschiedlich ausgeprägt ist.

UND ich möchte mit diesem Buch jungen Menschen, die sich in einer ähnlichen Situation befinden, wie ich damals, zeigen, dass es möglich ist, seinen eigenen Weg zu gehen. Die Potentiale, die in uns stecken, können durch kein noch so schlechtes Elternhaus, durch keine Prügelstrafe und durch keine noch so schlimme psychische oder körperlich Gewalt zerstört werden. Die Kraft ist in uns, und wenn wir es wollen, dann lassen wir sie positiv heraus. Wenn es uns gelingt, nicht in die gleichen Verhaltensweisen der Vorbilder aus unserem Elternhaus zu verfallen, dann können wir es schaffen, unsere Kraft zu bündeln und für einen positiven Lebensweg einzusetzen.

Gesellschaft für Integrale Ökologie und Sozialforschung

„Mitwelt“ kennzeichnet das neue Bewußtsein für den Planeten als sich selbst regulierenden Gesamtorganismus. Daraus folgt eine ganzheitliche Umsetzung in eine „Integralen Ökologie“. Sie löst im bereits angebrochenen **Zeitalter des Bewußtseins** die Aufklärung des 18.Jh ab. Technokratie und materialistisches Denken waren deren Hauptfolgen und sind für die heutigen Krisen verantwortlich.

So wie Freud die Psychologie durchsetzte, gibt es viele wissenschaftlich basierte Disziplinen, die an den Lehrstuhl gehören, weil sie keinem Mystizismus entspringen, sondern der **Naturbeobachtung**. Dazu zählen u.a: Analytische Astrologie, Psychosomatik, Homöopathie.

Im geplanten **Institut für Integrale Ökologie und Sozialforschung** soll an diesem Weg und am Nachlass der Ideengeberin **Leni Rüegg** (1910 - 2006) gearbeitet werden. Die Schauspielerin, eine der ersten Journalistinnen der Schweiz und Lebenskünstlerin, hatte sich der Völkerverständigung und der sozialen Gerechtigkeit verschrieben.

Die australischen Aborigines als älteste Ethnie und Zivilisation der Erde sind besonders geeignet, uns urbanen Menschen im Norden zu lehren, was verloren ging. Dafür engagieren wir uns für deren Überlebenschancen. So wurde der Stamm der Nyungah vor wenigen Jahren von einer Zementfabrik enteignet, die inzwischen einer deutschen Firma gehört. Chancen „von außen“ einzugreifen. . .

Interessenten sind willkommen:

www.integralecology.eu

Gesellschaft für Integrale Ökologie und Sozialforschung

Postfach 211163, 04112 Leipzig.

info@integralecology.eu

William J. Peasley

Die letzten Nomaden

Die Liebes- und Lebensgeschichte zweier Aborigines, die 30 Jahre lang durch die Wüste zogen. Sie wanderten dieselben Wege die ihr Volk viele Jahrhunderte lang gezogen war, immer auf der Suche nach einer Lagerstätte, nach Wasser und Nahrung. Eine einsame Geschichte voller Entbehrungen. Mudjon und der Flying Doctor John Peasley folgten einer Intuition. Sie waren die letzten, die permanent im Outback lebten.
Das Buch wurde in Australien mehrfach aufgelegt. Der Dokumentarfilm erhielt eine Goldmedaille beim New York Film-Festival.

200 Seiten, Paperback,
ISBN 978-3-936149-38-8

Mirabai

AMANECER

CD, 49 Minuten,
ISBN
978-3-936149-77-7

Mit dieser CD hat die deutsch-mexikanische Band ihren Erfolg aufgebaut Musikalische Elemente des spanischen und keltischen treffen aufeinander. Traditionelle indianische Songs werden vorgestellt. Ein bezauberndes Erlebnis zum Träumen und Entspannen.

ARAKI

Leonie Wolf
OSTSCHKOLADE

256 S. Paperback,
ISBN 978-3-936149-08-1

Die Pfarrerin Anna verliert bei einem Unfall ihr Gedächtnis. Mitten in Mecklenburg findet sich ein verschollenes Tagebuch, durch welches sie ihre eigene Geschichte entdeckt.

Fragmente reihen sich aneinander und versuchen sich zu einer Identität zu schließen. Anna zieht es immer wieder in das kleine Dorf zurück. Sie findet ihre eigene Geschichte – und doch nicht, denn die Welt, die sie vor der Wende zurück ließ, existiert nicht mehr.
Leonie Wolf wurde 1952 geboren und wuchs zwischen Potsdam und Oranienburg auf. Somit erlebte sie den Mauerbau mit neun Jahren vor ihrer Haustür.

Ruth Eisert
DER SEIFENHÄNDLER

Rick hinterläßt Karin und den Kindern bei seinem Verschwinden einen Scherbenhaufen. In diesem Chaos taucht Karin auf. Ihre berührende Abenteuergeschichte um die Kämpferinnen Tura und Marilena beschert auch dem Drama im richtigen Leben einen guten Ausgang.
„Leicht verständlich schleicht sich eine geballte Ladung Lebensweisheit ein, die wohl in jedes schöne Märchen gehört.“

(FAZ)

ARAKI

532 Seiten, Paperback
ISBN 978-3-936149-09-8

Werner Walter Güttler

STEINE AUF DEM WEG

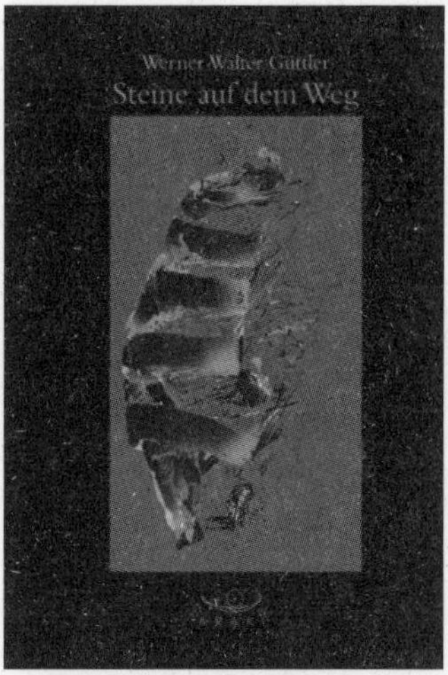

In einer existentiellen Krise vegetiert Harun in den Felsenhöhlen von Petra. Eine geheime Bruderschaft nimmt sich seiner an. Nach seiner Initiation wächst er in eine völlig neue Welt mit Menschen verschiedener Kulturen und Religionen hinein.
Werner Walter Güttler, Volkshochschulleiter a.D., reiste 40 Jahre lang nach Jordanien. Er ist Ehrenbürger des Landes und befreundet mit der Königsfamilie. Heute lebt er in Hannover. Seine große Leidenschaft ist die Freimaurerei.

450 Seiten, Hardcover m. SU
17 Tuschezeichng. v. Michael Blümel
ISBN 978-3-936149-05-0

Wulf Mirko Weinreich

INTEGRALE PSYCHOTHERAPIE

Das Lehr- und Handbuch zum Verständnis und der richtigen Anwendung aller gängigen therapeutischen Methoden. Gleichzeitig wird hier Ken Wilbers Philosophie sehr intelligent zusammengefaßt und als psychologisches Modell vorgestellt.

404 S., Paperback
ISBN 978-3-936149-54-8

ARAKI

Xóchil A. Schütz
Flamingo und Gnu
Liebesgedichte

Mit „Flamingo und Gnu“ legt die vielgereiste und preisbehangene Autorin ihren ersten Lyrikband vor, illustriert von Anna Beck.
„Sanft wie eine Brise im Sommer und stürmisch wie Meereswind“ (TAZ)
„Xóchil ist eine der ganz Großen in Deutschland, was Poetry betrifft.“(TIDE)
„Besitzerin ungezügelter Phantasie“ (Deutsche Welle)
„Xóchil hat einen ganz eigenen Stil entwickelt.“ (Deutschlandradio Kultur)
„Die sprachgewaltige Poetin wird das Publikum zum Träumen und Seufzen bringen.“ (hamburg:pur)

56 S. Paperback
Illlustriert von Anna Beck
ISBN 978-3-936149-12-8

ARAKI

Belletristik, Geist, Psyche und Gesellschaft

Der Name des Verlages leitet sich von einem kleinen Dorf in Ägypten her. Dort lebte einst der Weise Abramelin. Viele seiner Aussagen sind auch nach 600 Jahren noch gültig. Er läßt sich in keiner Philosophie oder Religion einordnen. Diese Haltung als Vorbild, möchten wir mit unseren Büchern einen Beitrag leisten zu einer zukunftsorientierten Gesellschaftsentwicklung, zur Selbsterkenntnis des Einzelnen und zum Bewußtsein der Menschheit als eines Teils des großen Organismus unserer Heimat, der Erde.

www.araki.de - info@araki.de
www.integralecology.eu
04112 Leipzig, Postfach 211163